Franz Seidenfuß

Englisch mundgerecht

Franz Seidenfuß

Englisch mundgerecht

Your Daily English Snack

Bloggingbooks

Impressum/Imprint (nur für Deutschland/only for Germany)
Bibliografische Information der Deutschen Nationalbibliothek: Die Deutsche Nationalbibliothek verzeichnet diese Publikation in der Deutschen Nationalbibliografie; detaillierte bibliografische Daten sind im Internet über http://dnb.d-nb.de abrufbar.

Coverbild: www.ingimage.com

Verlag: Bloggingbooks ist ein Imprint der
Südwestdeutscher Verlag für Hochschulschriften GmbH & Co. KG
Heinrich-Böcking-Str. 6-8, 66121 Saarbrücken, Deutschland
Telefon +49 681 37 20 271-1, Telefax +49 681 37 20 271-0
Email: info@bloggingbooks.de

Herstellung in Deutschland (siehe letzte Seite)
ISBN: 978-3-8417-7032-5

Imprint (only for USA, GB)
Bibliographic information published by the Deutsche Nationalbibliothek: The Deutsche Nationalbibliothek lists this publication in the Deutsche Nationalbibliografie; detailed bibliographic data are available in the Internet at http://dnb.d-nb.de.

Cover image: www.ingimage.com

Publisher: Bloggingbooks
is an imprint of the publishing house
Südwestdeutscher Verlag für Hochschulschriften GmbH & Co. KG
Heinrich-Böcking-Str. 6-8, 66121 Saarbrücken, Deutschland
Phone +49 681 37 20 271-1, Fax +49 681 37 20 271-0
Email: info@bloggingbooks.de

Printed in the U.S.A.
Printed in the U.K. by (see last page)
ISBN: 978-3-8417-7032-5

Inhaltsverzeichnis

Thanks to :

Angela Vogt, Sonja Offenbeck, Peter Müller, Helmut Van Rinsum, Franko del Blanco, Karsten Hart

Vorwort

Vergessen Sie Bücher à la „Englisch in 90 Tagen“, ich habe zu viele davon, nach deren Erwerb, auf zu vielen Bücherregalen vermodern sehen.

Ein Kleinkind braucht von Mama, Papa, Kacka Minimum 3 Jahre bis es einigermaßen strukturierte Sätze von sich geben kann. Auch wenn dieser Vergleich eine wenig hinkt und es Schachweltmeister gibt, die auf einer Bahnfahrt Ungarisch lernen, warum sollte das für Sie anders sein?

Eine Fremdsprache zu lernen ist genau wie das Leben selbst eine ewige Baustelle. Auch wenn das zunächst deprimierend klingt, liegt darin genau der Reiz diese Herausforderung anzunehmen.

Aus diesem Grund habe ich mich entschieden das Chaos zur Methode zu machen und ein Buch zu schreiben, das bewusst auf jede Struktur verzichtet.

In unserer Ex-, und Hopp Gesellschaft ist alles schnelllebiger geworden, weswegen auch die Aufmerksamkeitsspanne der Menschen kürzer geworden ist.

Dieses Buch bietet Englisch in kleinen, unabhängig voneinander konsumierbaren Portionen, die jederzeit und überall bearbeitet werden können. Es bietet kurze Abstecher in alle relevanten Themenbereiche der englischen Sprache, die ohne erschöpfend zu sein, einen guten Gesamtüberblick verschaffen.

Nehmen Sie das Ganze aber bitte nicht zu ernst, denn dieses Buch soll vor allem eines machen, nämlich Spaß.

People must be amused, Squire, somehow...they can't be always a-working, nor yet they can't be always a-learning. Make the best of us, not the worst.

Charles Dickens, Hard Times

1.) Allgemeines und Interkulturelles

Die Thematik erörtert allgemeine Fragen und Probleme, die die englische Sprache und interkulturelle Angelegenheiten angehen.

Begrüßen auf Englisch

Der erste Eindruck ist entscheidend, oft wird schon in der ersten Sekunden einer Begegnung klar, ob gegenseitige Sympathie hergestellt werden kann, oder, ob im Gegenteil, die Beteiligten am liebsten auf eine Bekanntschaft verzichten würden.

Bei einem so kritischen Moment, ist es besonders in einer Fremdsprache wichtig, interkulturelle Besonderheiten zu beachten.

Bei formellen Begegnungen sagt man : *Nice to meet you*, *pleased to meet you* etc.. Vorsicht, besonders in GB kann es Ihnen passieren, dass Sie bei einem ersten Aufeinandertreffen "*How do you do?*" gefragt werden. In diesem Zusammenhang interessiert sich niemand wirklich für Ihr momentanes Befinden, dies ist eine Floskel, auf die Sie, als interkulturell geschulter Kosmopolit, mit *"How do you do?"* antworten. Klingt schräg, aber was will man von einem Volk erwarten das auf der falschen Seite Auto fährt.

Sollten Sie es mit einer wenig kommunikativen Person zu tun haben, können Sie unangenehmes Schweigen überbrücken, indem Sie von sich aus die Initiative ergreifen, und Ihrem Gesprächspartner vorschlagen: "*May I introduce myself.*"oder als Sparversion *"I am Robert, good to meet you."*

Wie Sie wahrscheinlich schon wissen, vermeiden Anglophone betretenes Schweigen und füllen peinliche Stille mit allerlei Small-Talk. Gute "*ice breaker*" sind:

"*nice weather, isn't it?*", "*did you have a good journey*?", "*this will be a busy day*" etc.

Deutsche lieben es über *körperliche Gebrechen* und ihre *privaten Finanzen* zu reden, Anglophone nicht. Vermeiden Sie also, besonders bei einer ersten Begegnung, diese Themen.

Warum Englisch kein deutscher Dialekt ist

Es begann wie so Einiges mit einem Gedanken. Die *Römer* dachten nämlich nach, was sie eigentlich in einem Land verloren hätten, in dem es ständig regnete und deren Einwohner ihr Essen in Pfefferminzsoße ertränkten. Nachdem die Pferde gesattelt waren, ging es auch schon heim zu Pizza und Rotwein. Kaum hatten sich die Römer zu Hause am Strand im Liegestuhl bequem ausgebreitet, als sich auch schon germanische Volksstämme in England niederließen. Die *Angeln, Sachsen* und *Friesen* hatten ihre Heimat verlassen, wahrscheinlich vom *germanischen* Finanzamt vertrieben.

Sie schienen sich zu denken: „Ok, Wetter nicht optimal, aber wenigstens muss ich keine 50 % Steuern zahlen. Hier bleiben wir erst einmal“. Die *keltischen* Ureinwohner zogen sich beleidigt nach *Wales* und *Schottland* zurück, und für den Rest von England galt nun *„man spricht Deutsch*“.

Die *Wikinger* nun, wahrscheinlich weil es noch keinen Mobilfunkmarkt gab, auf dem sie sich breit machen konnten, mussten zu *rustikaleren* Mitteln greifen, um das Bruttosozialprodukt zu steigern: also Keule ins Boot und ab nach England. Klimamäßig ohnehin abgehärtet, konnte sie nicht einmal das englische Wetter abhalten, so dass sie nach einigen lukrativen Raubzügen dort sesshaft wurden.

Den Erfolg der *Deutschen* in England konnten wiederum die *Franzosen* nicht ertragen, so dass 1066 *Wilhelm der Eroberer* den Germanen bei Hastings eins auf die Pickelhaube gab und nunmehr eine vierte Nation auf der Insel heimisch wurde.

Mit Recht werden Sie sich fragen: „*Und was geht mich das an?*"

Wahrscheinlich wird das Lesen dieses Artikels sich nicht direkt auf ihre Lebensqualität auswirken, auch wird Ihnen davon kein BMW in die Garage fliegen. Um Ihnen dennoch den Nutzen vor Augen zu halten, die wichtigsten Informationen dieses Artikels kurz zusammengefasst:

Sie brauchen, wenn Sie nach England fliegen keine Sonnencreme einzupacken

Englisch ist ein Hybrid aus: Deutsch, Französisch, Keltisch und Skandinavisch

Beispiele:

Deutsch: flesh, stool, room;

Französisch: entrepreneur, cul-de-sac, chamber, petite

Keltisch: whiskey, kilt, clan,

Skandinavisch: egg, skin, skill

Acronyms An American Unsitte

Wie der gelegentliche USA Besucher vielleicht weiß, lieben besonders die Amerikaner unter den Anglophonen, alle möglichen Ausdrücke zu sogenannten "*acronyms*" zusammenzufassen. Neben bekannteren Beispielen, wie zum Beispiel "*asap*" (*as soon as possible*) oder "*btw*" (*by the way*), gibt es auch noch exotischere Elaborate dieses Phänomens, die manchmal auch nicht ganz ernst gemeint sind:

CLM = *career limiting move*

KISS = *keep it short and simple*

LOL = *laughing out loud*

PDQ = *pretty damn quick*

RTFM = *read the fucking manual*

It Rocks – ok, weitermachen

Rock And Roll ist nicht nur Musik sondern auch Lebensgefühl, so ist es nur natürlich, dass es auch in der englischen Umgangssprache *rockt*.

Wenn Sie jemandem auf saloppe Weise mitteilen wollen, dass Sie mit einer Sache einverstanden sind, können Sie z.B. sagen: *Rocks*.

z.B. Q: Wanna go for a beer? A: *Rocks*.

Wenn Sie jemanden zum Weitermachen ermuntern wollen, können Sie dies auf idiomatische Art tun, indem Sie sagen: „*Rock on*“, was in etwa dem Deutschen, “*weitermachen!*” entspricht.

Slang – Kontraktionen

Wer *native-speakern* genau auf den Mund schaut, wird erstaunt sein, wie wenig sich diese um das scheren, was Sie in Ihrem Englischkurs gelernt haben. Grammatik, Aussprache und Wortschatz haben in der “*freien Wildbahn*” oft nur sehr wenig mit dem zu tun, was so im Klassenzimmer unter Laborbedingungen gelehrt wird. Aber wie schon Armin Brunner richtig bemerkt hat: Das richtige Skifahren, geht eben erst neben der Piste los.

Ein Beispiel für die Anarchie in der englischen Umgangssprache sind Kontraktionen beim Gebrauch von modalen Hilfsverben und Mengenangaben. Das hat nichts mit Magenschmerzen zu tun, sondern ist eigentlich sehr einfach:

could have = *coulda*

going to = *gonna*

want to = *wanna*

should have = *shoulda*

kind of = *kinda*

lot of = *lotta*

Hunch – deformierte Ahnung

Eine interessante Redewendung ist im Englischen "*to have a hunch*". Was nicht bedeutet: einen Buckel haben (*hunch=Buckel*), sondern so etwas wie: „*eine Vorahnung haben*". Dieses Idiom hat seinen Ursprung in der Tatsache, dass früher körperlich herausgeforderten Menschen übernatürliche Fähigkeiten zugetraut wurden. Und wäre das Los dieser geplagten Menschen nicht schon schlimm genug gewesen, hielt sich in dieser Zeit hartnäckig der Aberglaube, dass es Glück brächte, die Deformation eines solch armen Geschöpfes zu berühren.

Strong Suit – stark aber kein Anzug

Wenn Ihnen jemand auf Englisch zum Beispiel sagt, dass IT not exactly his "*strong suit*" ist, bedeutet das nicht, dass das Hemd nicht richtig gestärkt aus der Reinigung zurückgekommen ist oder er auf einen kugelsicheren Anzug wartet, sondern, dass IT nicht gerade seine "*starke Seite*" ist.

Shotglass – weitab vom Schuss

Für alle, die einem guten Tropfen nicht abgeneigt sind. Interessanterweise ist ein "*shot*" im Englischen, der im Deutschen allseits im Nachtleben bekannte "*Kurze*" bzw. "*Schnäpper*", die Standardtrinkeinheit von *2cl Hochprozentigem*. Ob das damit zu tun hat, dass sich manch einer von einem solchen Getränk regelgerecht abgeschossen fühlt, sei dahingestellt.

Das Behältnis, in dem dieses Getränk dargereicht wird, ist im Englischen konsequenterweise das "*shotglass*". Na dann Prost, oder besser Hände hoch?

Setzen Sie Zeichen

Die Fachterminologie im Bezug auf Satzzeichen bereitet Englisch lernenden Deutschen immer wieder Schwierigkeiten.

Einige Beispiele:

Doppelpunkt = *colon*

Strichpunkt = *semicolon*

Punkt = *fullstop, period(US)*

Anführungszeichen = *quotation marks, inverted commas*

Fragezeichen = *question mark*

Klammer = *bracket* ; geschweifte Klammer = *curly bracket*

Hacking Cough And A Bite of Cold

Die Weihnachtszeit bringt nicht nur Geschenke, sondern oft auch unangenehme Begleiterscheinungen des Winters.

Die englische Sprache bringt die Lästigkeit winterlicher Leiden, einmal mehr, sehr bildlich zum Ausdruck:

a hacking cough = ist ein hartnäckiger Husten (wörtlich: ein hackender Husten)

a bite of cold = ist ein Schnupfen (wörtlich: ein Schnupfenbiss)

Laptop – Schoßtier

Jeder kennt es, fast jeder hat eins, doch wo der Name herkommt, weiß vielleicht mancher nicht.

lap = Schoß; *top* = auf ;also frei übersetzt so etwas wie: auf dem Schoß

weiterhin:

lap dog = Schoßhund

Vorsicht: *lap* kann auch die Runde bedeuten, z.B. bei der Formel I

Since George Shafted The Hessians – seit ewigen Zeiten

Eine idiomatische Redewendungen, die im Deutschen in etwa mit "*seit ewigen Zeiten*" wiedergegeben werden kann, heißt im Englischen "*since George shafted the Hessians*". (George = Anspielung auf *George Washington*; to shaft = *jemanden aufs Kreuz legen, fertigmachen*)

Der Ausdruck kommt von der entscheidenden Schlacht im amerikanischen Unabhängigkeitskrieg, als das amerikanische Heer, nach einem strapaziösen Marsch und dem Überqueren des Delaware, im Winter, teilweise barfuß, die im Dienste der britischen Kolonialmacht stehenden hessischen Söldner, in einem Scharmützel vernichtend schlug, und damit die Wende in diesem Konflikt herbeiführte. Der Grund die Hessen anzugreifen war die Vermutung, dass in deren Garnison ein größerer Vorrat an Schuhen vorhanden sei.

Schuhe schienen übrigens in den Kriegen von anno dazumal öfters ein Grund für entscheidende Gefechte zu sein. Auch die Schlacht von Gettysburgh, im amerikanischen Sezessionskrieg, wurde durch eine Patrouille ausgelöst, die auf Ausschau nach Schuhwerk für fußkranke Soldaten war.

Und da sagt man Frauen einen Schuhtick nach.

Eigennamen für Orte

Die englische Sprache gibt sich oft nicht damit zufrieden Eigennamen für einfach Lokalitäten zu übernehmen, sondern hat eine eigene, anglophone Variante, parat:

einige Beispiele:

Köln = *Cologne*

Wien = *Vienna*

Sachsen = *Saxony*

Rheinland-Pfalz = *Rhineland-Palatinate*

Ostsee = *Baltic Sea*

die Donau = *The Danube*

Ungarn = *Hungary*

Weißrussland = Belarussia

Hessen = *Hessia*

Prussia = *Preußen*

Pardon My French – französisches Englisch

George W. Bush hat sich gelegentlich über die Ignoranz der Franzosen beschwert, weil diese kein eigenes Wort für "*entrepreneur*" (= Unternehmer) haben. Leider hat er dabei vergessen, dass diese Vokabel im Englischen ein Lehnwort ist, und seinen Ursprung eigentlich im Französischen hat.

Um Fettnäpfchen vorzubeugen, hier einige weitere Beispiele für "französisches Englisch":

cache = Versteck

crèche = Kinderkrippe

fiancé = Verlobter, *fiancée* = Verlobte

gaffe = Fettnäpfchen

fait accompli = vollendete Tatsachen

forte = starke Seite

Diese Worte werden nur auf gehobenem Sprachniveau verwendet, weswegen sie im Alltagsgebrauch eigentlich vermieden werden sollten, um nicht gespreizt zu klingen.

Um einer Schimpftirade die Schärfe zu nehmen, fügen Anglophone oft ironischerweise "*pardon my French*" an, was so viel wie, " *das musste jetzt aber mal gesagt werden*", bedeutet.

Monkey Suit – falscher Freund in Schwarz-Weiß

Einer der top falschen Freunde schlechthin ist der "*Smoking*". Was im Deutschen Äquivalent für elegante männliche *Abendgaderobe* ist, bedeutet auf Englisch schlicht und einfach *Rauchen.*

Der deutsche "*Smoking*" heißt auf Englisch (GB) *dinner jacket* oder (US) *tuxedo.* Eine saloppere Form dieses Kleidungsstück zu benennen ist "*monkey suit*". Der Name hat seinen Ursprung von den *schwarz-weiß* gestreiften *Kapuzineräffchen.*

Scattergun Approach – Gießkanne auf Englisch

Die USA sind das Land, in dem das Recht Waffen zu tragen, verfassungsmäßig festgesetzt ist. Auch das Vereinigte Königreich von Großbritannien und Nordirland blickt auf eine stolze Tradition im Jagdsport zurück, was natürlich einen Waffenkult impliziert. So ist es nur konsequent, dass das deutsche *Gießkannen Prinzip*, eine sehr oberflächlicher und ungenauer Ansatz also, auf Englisch "*scattergun approach*" bedeutet. (*scattergun = Schroflinte*)

To Have The Bottle – Mut aus der Flasche

Um im Englischen idiomatisch auszudrücken, dass man Schneid hat, gibt es viele Möglichkeiten.

Eine bezieht sich, zum Beispiel, auf die Behältnisse der männlichen Erbinformation (*to have balls*), was verständlich ist, sind diese doch gemeinhin Synonym für Männlichkeit und Testosteron. Eine weitere Variante ist, *to have the guts*, auch hier liegt der Gedankensprung nicht allzu weit, schließlich geht nicht nur die Liebe durch den Magen.

Ein bisschen Stirnrunzeln kann der Ausdruck "*to have the bottle*" hervorrufen, deren Ursprung wohl nicht ganz unzweideutig ist. Die am meisten plausible Erklärung ist wohl, dass mancher sich den Mut aus der Flasche besorgt.

z.B. After half a year, he finally *had the bottle* to talk to her.

The Baddest – falscher Komparativ

Im US-amerikanischen Englisch der unterprivilegierten Bevölkerungsschichten wird nicht immer Wert auf grammatikalische Exaktheit gelegt. Was zum einen jedem Englischlehrer die Haare zu Berge stehen lässt, trägt zum anderen zur Bereicherung und Farbenfreude der Sprache bei.

Ein Beispiel hierfür wäre die inkorrekte Steigerung von "*bad*". Das englische Wort "*bad*" stellt, in seiner eigentlichen Bedeutung, auch unerfahrene ESL (*English as a second language*) Lernende nicht wirklich vor Probleme. Jedoch hat im Laufe der Jahre "*bad*" einen Bedeutungswandel erfahren, und sich ins Gegenteil verwandelt, und bedeutet heute im Ghetto-Sprech "*good*". Alles klar?

Die Platte "*Bad*" von Michael Jackson (RIP) ist ein Beispiel hierfür, oder würde der "*King of Pop*" sich etwa selber als "*schlecht*" bezeichnen.

Die Problematik liegt darin, dass im Ghetto-Machismo, "*good*" einfach zu sehr nach Hanni und Nanni klingt und deswegen durch einen Begriff ersetzt werden musste, der ein bisschen mehr in die John Wayne Ecke abzielt.

Interessant wird es dann richtig bei der Steigerung, denn schließlich ist man ja nicht nur gut, sondern auch noch besser und am besten. Der grammatikalisch richtige Komparativ von "*bad*" ist "*worse*". Doch wer schon die Bedeutung eines Wortes um 180 Grad dreht, schert sich natürlich auch nicht um grammatikalische Feinheiten, so ist die Steigerung im "*tough talk*" von "*bad*" gleich "*badder*" und "*baddest*". Besser geht es wirklich nicht.

Stationery - weder stationär noch Bahnhof

Dass "*station*" Bahnhof heißt, weiß seitdem Zugdurchsagen auch auf Englisch sind, mittlerweile fast jeder.

Dass "*stationery*" jedoch Schreibwaren, bzw. Büroartikel sind, ist weniger bekannt.

Hätte, hätte Fahrradkette – If Sätze

Ein großes Problem Englisch Lernender Deutscher sind *If-Sätze*, wobei der Hauptfehler meist darin besteht, dass *would*, bzw. *should* fälschlicherweise im *If-Satz* verwendet werden. Hier könnte der Merksatz hilfreich sein: "*If Sätze sind keine would und should Abladeplätze*." Also: *Im If-Satz immer simple-past.*

Beispiele:

If only 1860 *played* better. (würde besser spielen)

I wish my son *worked* harder. (würde härter arbeiten)

If only my wife *spent* less money. (würde weniger ausgeben)

Whistleblower – Pfeifenheini

Wikileaks hat diese Art Menschen fast salonfähig gemacht. Leute, die aus dem Nähkästchen plaudern und oft mehr Information preisgeben, als wir uns manchmal wünschen würden.

Im Englischen heißt ein bereitwilliger Lieferant sensibler Information, ein Nestbeschmutzer also, "*whistleblower*".

Für die Freunde von Mafia Filmen sind vielleicht noch die Synonyme "*rat*" bzw. "*snitch*" (Spitzel) interessant.

Toll – nicht so toll

Im Deutschen hat das Wort "*toll*" über die Jahrzehnte seine eigentliche Bedeutung, nämlich "*verrückt*", eingebüßt und heißt heute so etwas wie "*spitze, super usw.*" Seine ursprüngliche Definition ist zum Beispiel noch in dem Verb "*tollen*" oder dem Substantiv "*Tollhaus*" erhalten.

Im Englischen hat "*toll*" weder etwas mit *verrückt,* noch mit *spitzenmäßig,* auch nur das Geringste zu tun, sondern ist das Äquivalent für "*Gebühr*" bzw. "*Wegzoll*". (Wer erinnert sich nicht an die Firma, die für die Einführung der LKW Maut verantwortlich war "*Toll-Collect*"). Eine "*toll-free-number*" ist also keine Nummer, bei der es keinen Spaß gibt, sondern bei der man keine Gebühr zahlen muss.

Teamster – tierisches Team

In modernen Unternehmen wird von Mitarbeitern Teamfähigkeit und Teamplayertum vorausgesetzt. Im US amerikanischen Englisch hat jedoch das Wort "*teamster*" nur entfernt mit Mannschaftsgeist zu tun.

Ein "*teamster*" ist ein Spediteur, bzw. LKW-Fahrer und das Wort hat seinen Ursprung im "*Gespann*" der Zugtiere, die dieser ursprünglich zu leiten hatte, dessen Bezeichnung im Englischen ebenfalls "*team*" ist.

China – zerbrechliche Globalisierung

Mit dem Reich der Mitte verbindet man heutzutage Produkte, die nicht unbedingt für hohe Qualität stehen, dafür aber für den schmalen Geldbeutel erschwinglich sind.

In einer Zeit, in der von Globalisierung noch keine Rede sein konnte, wurde neben Seide vor allem eine Ware aus China importiert, die in der damaligen Zeit hohe Ansprüche an handwerkliches Geschick und technisches *Know-How* stellte: nämlich Porzellan.

Dieses Gut wurde derart mit dem asiatischen Großreich assoziiert, dass die englische Sprache den Namen des Herkunftslandes damit identifizierte. Diese Bezeichnung hat bis zum heutigen Tag Bestand.

Merke: Porzellan auf Englisch = *China*

To Bring The House Down – aus dem Häuschen

Das Haus ist ein wichtiger Bestandteil unseres Lebens, natürlich auch in anglophonen Ländern. So ist es wenig verwunderlich, dass dieses Wort Grundlage für einige idiomatische Redewendungen der englischen und US amerikanischen Umgangssprache ist.

Während man "*who sits in the glass house shouldn't throw with stones*" wortwörtlich übersetzten kann, ist der Ausdruck "*to bring the house down*", nicht mehr 1 : 1 kompatibel. "*To bring the house down*", bedeutet so etwas wie, "*den Vogel abschießen*", also einen Witz so gut zu erzählen, dass sich das Publikum vor Lachen auf die Schenkel schlägt

Housebroken – ohne Einbruch

Das Thema des vorherigen Artikels aufgreifend, eine weitere idiomatische Redewendung mit "*house*", die im Bezug auf ihr deutsches Äquivalent, eher weit hergeholt scheint.

Die englische Entsprechung des deutschen "*stubenrein*" ist "*housebroken*", was also nichts mit einem Einbruch zu tun hat.

Ein "*Einbrecher*" ist im Englischen der "*burglar*".

Awesome – From Bad to Good

Genau wie im Deutschen gibt es im Englischen Begriffe, die in ihrer ursprünglichen Bedeutung eigentlich negativ sind, aber im Laufe der Zeit einen Bedeutungswandel ins Positive erfahren haben. Im Deutschen wäre "*toll*" ein Beispiel hierfür. "*Toll*" bedeutet eigentlich so etwas wie "*verrückt*", wird aber heute begrifflich mit "*sehr gut*" assoziiert.

Im US-Englisch ist das Wort "*awesome*" ein Fall für diese Abteilung. In seiner ursprünglichen Bedeutung ist es Synonym für etwas Schlechtes (*awe* = Furcht, Scheu).

In modernen Leben wird es vor allem bei Jugendlichen gerne gebraucht, um ein Maximum an Zustimmung oder Respekt auszudrücken.

z.B.

- What do you think of this article?

- It´s *awesome*.

Nonplussed – mehr geht nicht

Eine interessante Art zu sagen, dass man von etwas total überwältigt ist, wäre im Englischen "*to be nonplussed*". Der Ausdruck kommt aus dem Lateinischen *non* = nicht, *plus* = mehr, wörtlich also: "*es geht nicht mehr weiter*".

z.B.

He had never seen anything like that before, he was completely nonplussed

Englisches Kino anders untertitelt

Eine altbewährte Methode sein Englisch zu verbessern ist, US amerikanische, bzw. englische Filme im Original zu sehen. Schnelle und undeutliche Aussprache, Slang und idiomatische Redewendungen, können jedoch besonders für Anfänger, das Sehen eines unsynchronisierten anglophonen Filmoeuvres, zu einer unlösbaren Aufgabe machen. Da sei doch dem Herrn für Untertitel gedankt.

Im Kino muss man sich mit deutschen Untertiteln abfinden, aber beim Schauen von DVDs, können Sie beispielsweise anstelle der deutschen, englische Untertitel verwenden. Oft ist nämlich die deutsche Übersetzung nicht sehr gut, und für Lernende ungeeignet.

-Bound – richtungsweisendes Anhängsel

Das Suffix (Anhängsel in der Sprache der Grammatikfreaks) *-bound*, ermöglicht es, auf idiomatische Weise, eine Richtung anzugeben:

So heißt etwa *westbound* Richtung Westen.

z.B. This train is *westbound.*

Das Ganze kann auch in esoterische Ebenen abdriften, so heißt z.B. *spellbound*, verzaubert. (spell = Zauberspruch)

Natürlich findet dieses Phänomen auch Anwendung in profaneren, sogar lichtscheueren Bereichen, so bedeutet "*troublebound*" so etwas wie "*auf Krawall geeicht*".

Beef Up Your Technical English – Stellen Sie um

Eine sehr gute Möglichkeit, wie Sie Ihr Englisch verbessern können, ist das Umstellen des Bedienmodus all Ihrer elektronischen Geräte, wie zum Beispiel *Handy*, *I Pad*, *Laptop* usw., auf Englisch, um sich so, auf spielerisch natürliche Weise, entsprechendes technisches Vokabular anzueignen.

Selbstverständlich wird es Sie, besonders anfangs, etwas mehr Mühe kosten Ihre geliebten, elektronischen Begleiter zu bedienen, jedoch können Sie mit dieser Methode, ohne großen Aufwand, schnell einen Quantensprung im Bezug auf relevante technische Begriffe machen.

Gay – gleichgepolte Freude

Der Anglizismus "*gay*" ist im Deutschen mittlerweile so eingebürgert, dass er auch von vielleicht nicht ganz politisch korrekten Zeitgenossen als Äquivalent für "*homosexuell*" benutzt wird.

So ist es vielleicht interessant zu wissen, dass die eigentliche Bedeutung der Wortes "*gay*" im Englischen lediglich "*glücklich*, bzw. *froh*" bedeutet. Erst im Laufe der letzten Jahre hat der Begriff einen entscheidenden Bedeutungswandel erfahren.

Game – mehr als nur ein Spiel

In unserer Freizeitgesellschaft haben Spiele einen enormen Stellenwert bekommen. Interessant zu wissen, dass er Ursprung des englischen Äquivalents für das deutsche Wort "*Spiel*", eine Vokabel aus dem Bereich der Jagd und Fischerei ist. Dass Jäger für sich den Status eines Sportsmannes beanspruchen ist nicht unumstritten, dass im Englischen das Wort "*game*", neben "*Spiel*", auch noch "*Niederwild*" (*Hasen*, *Füchse* usw.) bedeutet, ist eine unumstößliche Tatsache. Über die Jahre hat das Wort den seinen ursprünglichen Charakter verloren und wird heute in erster Linie im Bezug auf aller Art Spiele gebraucht.

English RP – königliches Englisch

Genau wie im Deutschen, gibt es natürlich auch im Englischen regionale Unterschiede, was Aussprache und Dialekte anbelangt. Grobe Vergewaltigungen der Standardsprache, wie im Deutschem zum Beispiel Sächsisch oder Schwäbisch, gibt es auch im Englischen, so sind Schotten oder Nordengländer, für Ungeübte nur sehr schwer zu verstehen.

Anders als im Deutschen ist der Dialekt im Englischen (besonders im Vereinigten Königreich von Großbritannien und Nordirland) nicht nur ein regionales Erkennungsmerkmal, sondern kennzeichnet auch die Klassenzugehörigkeit des Sprechers. So sprechen Mitglieder der britischen Oberklasse, unabhängig aus welcher Region diese stammen, das sogenannte "*English RP*" (received pronounciation) oder *King's English*, während die Unterschicht ihre Sprache mit den farbenfrohsten Akzenten dick untermalt.

Plötzlich den Dialekt zu wechseln (*Hochsprache zu sprechen*), heißt im Inselreich seine Wurzeln zu verleugnen, und wäre etwa gleichbedeutend mit dem Wechseln seiner Anhängerschaft beim Fußball.

In From The Cold – falscher Spion

Der Winter ist fast vorbei und manchem steckt der Frost noch in den Knochen. Wer jetzt an den John Le Carré Roman "*The Spy Who Came in from The Cold*" denkt, und sich auf den Frühling freut, ist zumindest linguistisch "*North of Alaska*"(auf dem Holzweg).

"*In from the cold*" bedeutet nichts anderes, als nach einer langen Durststrecke wieder ein Erfolgserlebnis zu haben. Die Übersetzung "*der Spion der aus der Kälte kam*", ist somit idiomatisch nicht sonderlich gelungen, weil er die Schattierungen zwischen den Zeilen nicht wirklich wiedergibt. Manchmal sind Übersetzer um ihren Job nicht zu beneiden.

To Muster – Muster ohne Wert

Und wieder einmal, "*falsche Freunde*"- Zeit. Zur Erinnerung, falsche Freunde sind Homonyme (gleichlautende Begriffe), die jedoch in den jeweiligen Sprachen unterschiedliche Bedeutungen haben.

Das deutsche "*Gebrauchsmuster*", ist im Englischen das "*sample*", und das Muster im Design-, Farbsprech ist das englische "pattern", dies kann auch auf Verhaltensmuster angewendet werden (*behavioral pattern*).

Im Englischen bedeutet "*to muster*", zum einen etwas *mustern* (das ist noch nachvollziehbar), zum anderen etwas *auftreiben*, *zusammenbringen*. Alles klar?

z.B. *To muster up the courage* to ask the girl out for a date.

Teetotal – Wollt Ihr den totalen Tee?

Die Briten trinken Tee, und obwohl sich mittlerweile im Land der gebrauten Kräuter, Kaffee immer mehr durchsetzt, lieben die Inseleuropäer ihr Nationalgetränk noch immer heiß und innig. Ein "*teetotaler*" ist jedoch kein "*Teefanatiker*", ganz abgesehen davon, dass dann auch die Schreibweise dieses Wortes anders sein müsste, sondern jemand, der komplett auf alkoholische Genussmittelgifte verzichtet.

Der Ursprung dieses, zunächst etwas seltsam anmutenden Wortes, liegt in dem, vor "*total*" gestellten Präfixes (Vorsilbe) "*tee*", welches den Anfangsbuchstaben, und damit den ganzen Begriff besonders betonen soll.

Sowie zum Beispiel: *Ma-, Ma-, Maoam*. (Manch einer erinnert sich vielleicht an dieses Kaubonbon)

Spic And Span – englisches Tempo

Viele Produkte des täglichen Lebens sind derart Bestandteil unseres Alltages geworden, dass diese in die Umgangssprache übernommen wurden. Im Deutschen wäre “*Tempo*“, für Taschentuch, ein typisches Beispiel.

Im Englischen gibt es eine Redewendung, die dem deutschen “*blitzsauber*” entspricht, nämlich “*spic and span*“. Der Name stammt von einem Reinigungsprodukt, das von zwei Hausfrauen in Michigan in Eigenregie erfunden wurde und so erfolgreich war, dass es schließlich von Procter & Gamble aufgekauft wurde.

Ein weiteres Beispiel ist der Ausdruck “*to hoover*” für staubsaugen, der seinen Ursprung in der gleichnamigen Hausgerätefirma hat.

Handle With Care – Handlungsbedarf auf Englisch

Wenn Sie auf Englisch “*handeln*” im Sinne von “*aktiv werden*” müssen, ist “*to handle*” definitiv der falsche Begriff. “*To handle*” bedeutet “*mit etwas hantieren*“, bzw. “*behandeln*“. Die anglophone Entsprechung für das deutsche „*handeln*“ wäre ” *to act*“.

z.B.

Act immediately, but handle with care.

(Handle sofort, aber behandle es vorsichtig)

Playing Cowboys And Native Americans

Indien ist neben China die aufstrebende Wirtschaftsmacht. Dennoch wird ein Ureinwohner des nordamerikanischen Kontinents nicht “amused” sein, wenn Sie in als “*Indian*” bezeichnen. Die politisch korrekte Bezeichnung für diese ethnische Gruppierung ist “*Native American*“. Ebenso ist ein Schwarzer ein “*African American*“.

To Call The Shots – den Ton angeben

Problematisch wird es, wenn es nicht nur um die Sache geht, sondern darum wer in der Nahrungskette weiter oben steht.

Wenn Sie im Englischen klar stellen, oder wissen wollen, wer jetzt eigentlich sagt, wo es lang geht, können Sie das mit der idiomatischen Redewendung “*to call the shots*” tun.

z.B. Who is in charge here, who *is calling the shots*?

Der Ausdruck kommt von der keltischen, etwas rustikaleren Abart des Feldhockey “*Hurling*“, bei der der Kapitän, “*skip*” einer Mannschaft, für sein Team die Distanz, die Geschwindigkeit und Linie das Abschlages festlegt.

Boxfresh And Spanking New – Brandneues auf Englisch

Wenn Sie auf Englisch sagen wollen, dass etwas nagelneu ist, können Sie sich mit verschiedenen idiomatischen Ausdrücken behelfen.

Während "*boxfresh*" und "*brandnew*" noch einleuchten, ist die Redewendung "*spanking new*" erklärungsbedürftig:

"*To spank*" bedeutet jemandem einen Klaps auf den Popo zu geben, der Ausdruck kommt also von der Praktik, neugeborene Kinder mit einer Vorhand auf den Allerwertesten, auf der Welt willkommen zu heißen.

Moonshine – schwarzer Mond

Im Englischen werden Leute, die an der Steuer *vorbeiarbeiten*, als "*moonshiner*" bezeichnet. Der Ausdruck kommt aus der Zeit der Prohibition, als der Besitz und die Produktion von Alkohol verboten war, und deswegen alle Belange diese Ware betreffend, auf die Nacht verlegt werden mussten.

Ein weiterer Begriff ist "*bootlegger*", was sich auf den Umstand bezieht, dass aufgrund jenes Alkoholverbots, der bevorzugte Stauraum für Spirituosen der Siefelschaft des jeweiligen Besitzers war.

Be Good, Be Well – gut drauf

Eine eiserne Grammatikregel besagt, dass bei "*be*" niemals ein Adverb stehen darf, obwohl "*be*" streng genommen ein Verb ist. Aber Englisch wäre nicht Englisch, wenn es nicht eine Ausnahme geben würde:

"*To be well* bedeutet sich wohl fühlen, gesund sein."

z.B. Mom I am not well, I can´t go to school.

"*To be good*", übrigens, heißt neben gut sein auch, je nach Kontext, "*brav*" sein.

z.B. Be a *good* boy, take out the garbage for Mommy.

Garden Leave – nicht nur die Harten kommen in den Garten

Wenn Sie auf Englisch ausdrücken wollen, dass Sie bei vollem Gehalt freigestellt sind, können Sie das tun, indem Sie den Ausdruck "*garden leave*" benutzen.

Der Ursprung dieser Redewendung ist nicht ganz eindeutig, kommt aber wahrscheinlich daher, dass die betreffende Person viel Zeit in ihrem Garten zu verbringen.

Andere Formen der beruflichen Abwesenheit:

sick leave = krankgeschrieben

maternity leave = Mutterschutz

Psss.... – stummer Zischlaut

Aus irgendeinem unerfindlichen Grund, sei es genetisch oder germanophob, sind Anglophone nicht in der Lage Umlaute auszusprechen. Auch der Laut "Ps" ist für englische Muttersprachler nicht über die Lippen zu bringen. Was für teutonische Ohren normal ist, klingt für englische Ohren wie eine phonetische Explosion.

Demzufolge wird der berühmte Hitchcock Thriller im englischen Original ohne P ausgesprochen, also (*seiko*), ist also keine Schleichwerbung für eine Armbanduhr.

Ebenso:

psychologist (sprich: *seikolotschist*) = Psychologe

pseudo (sprich: *sjudo*) = Möchtegern

Loaf – Faulenzerslipperbrotlaibhackbraten

Jedem Englisch als Fremdsprache Lernenden wird schon nach sehr kurzer Zeit klar, dass ein englisches Wort vollkommen verschiedene Bedeutungen haben kann, die miteinander überhaupt nichts zu tun haben.

Ein gutes Beispiel hierfür ist die Vokabel "*loaf*".

Ein "*loaf*" ist eigentlich ein Brotlaib oder in seiner Fleischvariante ("*meat loaf*") der Hackbraten.

"To *loaf*" als Verb bedeutet "*faulenzen*", davon abgeleitet ist ein "*loafer*" ein "*Slipper*" (Schuh ohne Schnürsenkel). Achtung:"*slipper*" ist der Hausschuh.

White Collar Crime – Weißkragenkriminalität

In der Wirtschaftskrise ist eine neue Form der Kriminalität als "*white-collar-crime*" bekannt geworden. Hierbei handelt es sich nicht um eine besonders hartnäckige Form von Kragenspeck, sondern um die Art Delikt, bei der Banker & Co. am Fiskus, oder den Interessen, die sie eigentlich vertreten sollten, in die eigene Tasche vorbeiwirtschaften.

zum besseren Verständnis, einige Beispiele:

embezzlement = Unterschlagung; *tax evasion* = Steuerhinterziehung

bribery = Bestechung; *racketeering* = Schwindel

whistleblowing = Verrat;

Der Begriff stammt von dem Ausdruck *white-collar-worker*, dem englischen Synonym für den deutschen Büroangestellten, im Gegensatz zu *blue-collar-worker*, dem Arbeiter, der sein Geld noch damit verdient, physisch greifbare Produkte herzustellen. Beide Begriffe haben ihren Ursprung in den Farben der typischen Kleidungsstücke dieser beiden Berufsgruppen, dem Blaumann, bzw. dem weißen Hemd.

To Wink – Augenzwinkern

Ein falscher Freund, (Ausdruck mit hohem Verwechslungspotential, aufgrund der Ähnlichkeit in beiden Sprachen) der auf die Ironische daherkommt, ist "*to wink*" was natürlich nicht "*winken*" heißt, sondern schelmisch mit dem Auge zwinkern. "*Winken*" heißt "*to wave*". Und bis um Abwinken bedeutet auf Englisch "*galore*". Alles klar?

z.B.:

When she *winked* at me, I was almost completely sure that she liked me.

Galore – ohne Ende

Wer heutzutage mit öffentlichen Verkehrsmitteln fährt, wird nicht nur Zeuge von der Verwandlung von U-Bahnabteilen in Großraumbüros, im Zuge der Verbreitung von Laptop, I-phone und Co., sondern auch im Bezug auf die gängigen Neologismen der Jugendsprache auf dem Laufenden gehalten.

Ein sehr beliebter Ausdruck ist "*ohne Ende*", der so etwas wie den Überfluss, bzw. grenzenlosen Vorrat einer Ressource bedeuten soll:

z.B. Bier ohne Ende, Stress ohne Ende, Party ohne Ende

Im Englischen kann man dieses Phänomen elegant mit *galore* wiedergeben:

z.B. *beer galore, party galore*

Der Ursprung dieses Wortes stammt von dem *Gaelischen "gu leoir"* = genügend

Mantel – Gesimse

Nun ist wieder einmal Zeit für "*falsche Freunde*" (Ausdrücke mit hohem Verwechslungspotential aufgrund der Ähnlichkeit in beiden Sprachen). "*Mantel*" heißt im Englischen natürlich nicht "*Mantel*", sondern "*Kaminsims*". Der deutsche "*Mantel*" ist der englische "*coat*".

To Outdo Oneself – unübertroffen

Normale Leistung reicht heute keinem Arbeitgeber mehr, commitment und unbezahlte Überstunden sind die Zauberworte, die die Augen moderner Chefs zum Leuchten bringen. Wenn Sie Ihrem Boss auf Englisch klarmachen wollen, dass Sie trotz dessen Unglauben, sich wieder mal *selbst übertroffen* haben, so können Sie dies auf besonders idiomatische Art tun, indem Sie sich der Redewendung "*to outdo oneself*" (sich selber übertreffen, sein Bestes geben) bedienen.

What do you mean the figures are no good, *I outdid myself* again this month.

Mit Vorsicht zu genießen ist die Redewendung "*I will do my best*", weil dies im Land der Weltmeister der ironischen Anspielungen und Zweideutigkeiten (*England*), oft als sein Gegenteil interpretiert werden kann.

To A Tee – englisches i-Tüpfelchen

Woher kommt sie nur, diese Manie der Anglophonen mit dem Buchstaben T: *t-totaler*, *T-Rex*, *t-online* (hmm, oder war das etwas anderes?) sind nur einige Beispiele für die Verwendung dieses markanten Buchstabens.

Wenn jemand auf Englisch zu Ihnen sagt, dass er etwas "*to the tee*" erledigt hat, so meint er nicht das Kräutergebräu, das auf der Insel so beliebt ist, sondern will damit totale Exaktheit ausdrücken. Die deutsche Entsprechung hierfür wäre etwa: *bis auf das i-Tüpfelchen*.

Der Ausdruck kommt von der ehemals in Schottland sehr beliebten Sportart Curling, eine komplizierte Abart des Eisstockschießens, bei der offenbar unausgelastete Hausfrauen, bzw. -männer, eine Eisfläche mit Besen bearbeiten, dessen Zielzone "*Tee*" heißt.

Pep-Talk – scharfe Gespräche

Amerikaner lieben ihre Motivationskünstler. Auch wenn die Finanzkrise den amerikanischen Optimismus ein wenig gedämpft hat, werden die Apostel des positiven Denkens so schnell nicht zum Schweigen gebracht werden können.

Diese Art sich in Form zu reden gehört zu den USA wie cholesterinreiche Fettsäuren zu Fast-Food, und ist allgemein unter dem Begriff "*Pep-Talk*" bekannt.

Der Ausdruck kommt von *pepper* und ist so scharf, dass er sogar der deutschen Umgangssprache zu neuer Würze verholfen hat. "*peppig*, bzw. *Pepp*".

A Monday´s Child Is Fair of Face – Montagskind

Während man in Deutschland den Dingen, die ein Montag hervorbringt, eher skeptisch gegenübersteht ("*Montagsgerät*"), hält sich in anglophonen Ländern hartnäckig der Aberglaube, dass ein Kind, das an einem Montag geboren wurde, sehr gutaussehend sein soll.

Diese Legende geht zurück auf den nachstehenden, sehr populären Reim:

"*Monday's child is fair of face*, / Tuesday's child is full of grace, / Wednesday's child is full of woe, / Thursday's child has far to go, / Friday's child is loving and giving, / Saturday's child works hard for a living, / But a child that is born on the Sabbath day / Is blithe and bonny, good and gay."

Close But No Cigar – knapp daneben ist auch vorbei

Oft klappt es trotz aller Bemühungen nicht, und am Ende steht man mit leeren Händen da. Zum Glück braucht man sich nicht um diejenigen kümmern, die mit Gratisratschlägen und Häme Gewehr bei Fuß stehen.

Ein Spruch, der diesen Sachverhalt auf Englisch zum Ausdruck bringt, und auf Deutsch etwa mit "*knapp daneben ist auch vorbei*" übersetzt werden kann, ist:

close but no cigar

Diese idiomatische Redewendung hat ihren Ursprung in der Tatsache, dass auf US-amerikanischen Volksfesten bzw. Jahrmärkten um die Jahrhundertwende, Zigarren als Preise vergeben wurden.

Genauso können Sie in diesem Zusammenhang verwenden:

a miss is as good as a mile

Henpecked – englischer Pantoffelheld

Die weibliche Emanzipation hat sich durchgesetzt, das Modell "*Macho*" gehört längst der Vergangenheit an. Die Küche ist schon lange nicht mehr nur das Reich der Frau und die meisten Männer sind heutzutage vertraut im Umgang mit Bügeleisen und Staubwedel. Das Extrem dieses Phänomens, der sogenannte Pantoffelheld, trägt im Englischen die Bezeichnung "*henpecked*". (hen=Huhn, pecked=gepickt).

z.B. John can´t even go for a beer one time a week, he´s totally *henpecked* by his wife.

Gosh, Golly And Good Grief – englisches Donnerwetter

Wenn Sie im Englischen auf besonders affektierte Weise Ihre Überraschung, Anerkennung oder Verblüffung ausdrücken wollen, können Sie dies tun, indem Sie einen der drei Ausdrücke der Überschrift benutzen. *Gosh* und *Golly* können noch durch das Voranstellen von *by,* bzw. *oh my* verstärkt werden. (*by golly, oh my gosh*). Ganz affektierte Gemüter können ihre Entrüstung auf die exaltierte Spitze treiben, indem sie die beiden Ausdrücke kombinieren: *oh my golly gosh.* Die deutschen Entsprechungen hierfür wären: Menschenskind, Donnerwetter, Ach du meine Güte

Trunk – Baumstamm, Rüssel, Kofferraum

Ein weiteres Beispiel für die Vielseitigkeit und Variantenvielfalt des Englischen ist das Wort "*trunk*", das zum einen *Baumstamm*, bzw. *Elefantenrüssel* bedeutet, zum anderen die US amerikanische Entsprechung des deutschen Kofferraum ist.

"*Kofferraum*" heißt im Britischen Englisch jedoch "*boot*", dessen Grundbedeutung "*Stiefel*", selbst unerfahrene ESL Lernende wahrscheinlich vor keine großen Herausforderungen stellt. Wussten Sie jedoch, dass "*boot*" auch ein abschätziger Ausdruck für eine eher unattraktive Frau sein kann? (Übersetzung Leo = *Schreckschraube*)

To Betray – betreuen aber anders

Ein falscher Freund (Ausdruck mit hohem Verwechslungspotential aufgrund der Ähnlichkeit in beiden Sprachen) ist „*to betray*", was natürlich, Sie ahnen es, im Deutschen nicht "*betreuen*" heißt, sondern "*verraten*". "*To betray*" ist auch noch aus einem anderen Grund interessant, weil es das Phänomen der englischen Sprache veranschaulicht, dass das Hauptwort eines Verbs, in seiner Ableitung eine vollkommen andere Form annehmen kann: *Verräter = traitor*; *Verrat = treason.* Ziemlich hinterhältig.

Round Up – Aufrunden

Während das englische Synonym für das deutsche "*aufrunden*" ausnahmsweise ohne Fettnäpfchengefahr wörtlich übernommen werden kann, stellt die "*runde*" Zahl in ihrer englischen Übersetzung schon eine größere Herausforderung dar: an *even number.*

Aber Vorsicht: "*To round up*" kann auch noch eine weiterführende Bedeutung haben, die vor allem für die Pioniere des Westens besonders wichtig war, nämlich: "*das Vieh zusammentreiben*". In diesem Zusammenhang ist vielleicht auch eine idiomatische Redewendung interessant, nämlich "*to round up cats*", die in Beziehung auf einen Sachverhalt verwendet wird, der sehr schwierig zu bewerkstelligen ist.

z.B.: Getting this presentation together is *like rounding up cats*.

Genial – freundliches Genie

Schon der deutsche Dichterfürst Geheimrat von Goethe hat sich, genau wie seine anderen Kollegen aus den neuen Bundesländern, stets auf seinen "*Genius*" berufen.

Auch heutzutage gibt es genügend, oft viel weniger berufene Zeitgenossen, die diese Bezeichnung für sich beanspruchen.

Grund genug zu klären, dass "*genial*" im Englischen "*freundlich*" bedeutet, und das englische "*genie*" der deutsche "*Flaschengeist*" ist. "*Genial*" heißt auf Englisch "*brilliant*" und das deutsche "*Genie*" hat sein englisches Äquivalent in "*genius*", womit wir wieder bei Goethe wären.

Teller – ohne Wäscher

Ein falscher Freund (Ausdruck mit ähnlicher Aussprache, aber unterschiedlicher Bedeutung), der Englisch lernende Deutsche immer wieder ins Fettnäpfchen treten lässt, ist der amerikanische "*teller*", der ins Deutsche übersetzt, Sie ahnen es schon, natürlich nicht "*Teller*" heißt. Der amerikanische "*teller*" ist kein Speisenuntersatz, sondern hat sein deutsches Äquivalent im "*Bankangestellten*". So ist im US-amerikanischen Englisch eine "*automatic teller machine*", konsequenterweise kein *Geschirrspüler,* sondern ein *Geldautomat*, besser bekannt unter dem Acronym (Abkürzung) *ATM.*

Let´s roll – Rollenverteilung

Die deutsche "*Rolle*" ins Englische zu übersetzten ist, je nach Kontext, nicht ganz einfach, und Bedarf reiflicher Überlegung und Routine. Die Rolle eines Filmstars heißt auf Englisch, zum Beispiel, "*role*". Gleich ausgesprochen anders geschrieben wird die Rolle als Turnübung, nämlich "*roll*". Die Schriftrolle gleicht sich der Turnübung an, und bleibt "*roll*" oder „*scroll*". An Möbeln verwendet man das Wort "*castor*" oder "*wheel*", und die Filmrolle, an der das Zelluloid aufgewickelt ist, nennt man "*reel*".

Andersherum ist besonders das englische Synonym für Semmel, norddeutsch Brötchen, interessant, nämlich wiedermal "*roll*". Wer jetzt natürlich frei Schnauze Dampfnudel mit "*steamroll*" übersetzt, erleidet einen interkulturellen Supergau, weil "*to steamroll*" plattwalzen bedeutet.

Sport und Liebe – 1st base, 2nd base….

Ein Sprichwort besagt, dass in der Liebe und im Krieg alles erlaubt sei. Bei so kompetitivem Denken ist es wenig verwunderlich, dass sich die amerikanische Umgangssprache des beliebtesten Breitensportes, nämlich "Baseball" bedient, um den Erfolg eines jungen Verehrers bei seiner Holden, bei einem "*date*", einem romantischen Stelldichein also, zu dokumentieren:

"*To get to 1st base*" bedeutet, dass er die Angebetete küssen dürfte.

Bei "*2nd base*" dürfte er etwas von der weiblichen Anatomie seiner Verabredung erforschen.

"*3rd base*" schließt bei der Erkundung der Anatomie auch die Unterwäsche mit ein.

Was bei "*4th base*" oder "*homerun*" passiert überlasse ich der Phantasie des Lesers.

Deutsche Bundesstaaten auf Englisch

Der Wulff geht, der Gauk kommt, ob wohl beide alle Bundesstaaten ihrer Republik aufzählen können? Wahrscheinlich nicht auf Englisch. Hier einige Beispiele:

Niedersachsen = *Lower Saxony*

Nordrhein-Westfalen = *North-Rhine Westphalia*

Rheinland Pfalz = *Rhineland Palatinate*

Bayern = *Bavaria*

Thüringen = *Thuringia*

Baden Württemberg = *Baden-Wuerttemberg*

Sachsen Anhalt = *Saxony-Anhalt*

Keine deutschen Bundesstaaten, aber vielleicht auch interessant (historisch):

Silesia = *Schlesien*

Prussia = *Preußen*

Austria = *Österreich*

Town Hall Discussion – englisches Podium

Für manchen sind sie schon in der Muttersprache nicht besonders angenehm, in einer Fremdsprache, können sie dann regelgerecht zum Alpdruck werden. Damit sie wenigstens den idiomatisch richtigen anglophonen Ausdruck parat haben, wenn es ernst wird, "*Podiumsdiskussion*" heißt auf Englisch "*town hall discussion*", "*panel discussion*" oder "*open forum*".

Phoney – ohne Telefon

Wenn Sie im Englischen klarmachen wollen, dass etwas nicht ganz astrein, oder geradeheraus "*gefälscht*" ist, können Sie neben dem neudeutschen "*fake*" auch das Wort "*phoney*" gebrauchen.

Der Ursprung dieses Wortes hat aber nichts mit der Erfindung von Alexander Bell zu tun (dem Telefon), sondern fußt auf dem irischen "*fawney*" was Ring bedeutet.

Irische Einwanderer brachten um die Jahrhundertwende eine Art Hütchenspiel mit in die USA, das darin bestand das "Opfer" einen vermeintlichen Goldring aus Messing finden zu lassen, welchen sie diesen dann großzügigerweise zu einem Vorzugspreis kaufen ließen.

weitere Begriffe für Fälschungen: *bogus*, *fugazi*, *counterfeit*, *fake*, *sham*

Cockpit – Hahnengrube

Das englische Wort "*cockpit*" ist mittlerweile genauso eingedeutscht wie "*Coca Cola*". Während jedoch der Ursprung von Coca Cola klar ist (nämlich *Coca*), leuchtet der von "*cockpit*" erst auf den zweiten Blick ein.

"*Cockpit*" ist im Englischen ursprünglich die Bezeichnung für die Grube, in der *Hahnenkämpfe* (*cock* = Hahn; *pit* = Grube) stattfinden. Zugegeben, Piloten können einem schon mal wie Gockel vorkommen, wenn sie so mit ihrer Uniform am Flughafen einherstolzieren, und die Stewardessen um sich scharen, aber gleich *Hahnenkampfarena*?

Dieser testosteronträchtige Ausdruck für die Pilotenkanzel wurde von Jagdfliegern im ersten Weltkrieg kreiert, wohl aufgrund der räumlichen Enge und der hohen Stresshormonausschüttung, die dort stattfand.

Shyster – gar nicht schüchtern

Das Wort "*shyster*" lässt im ersten Augenblick an einen verhärmten Jüngling denken, der bei einem Tanzvergnügen elegant die Wand verziert, bedeutet aber in Realität etwas vollkommen anderes. Ein "*shyster*" ist ein abwertender Begriff für Rechtsanwalt, was in etwa dem deutschen "*Winkeladvokaten*" entspricht.

Der Ursprung kommt von der Tatsache, dass diese Subspezies der Juristen, manchmal lichtmäßig sehr scheu werden kann. (*shy* = scheu)

North of Alaska – eiskalter Holzweg

Wenn jemand vollkommen daneben liegt, können Sie das denjenigen im Englischen besonders idiomatisch wissen lassen, indem Sie sich mit dem Ausdruck "*to be North of Alaska*" behelfen.

z.B.: If you think that I will clean up this room for you you are so totally *North of Alaska*.

(Wenn du glaubst, dass ich diesen Raum für dich aufräume, befindest du dich total auf dem Holzweg.)

Minusgrade auf Englisch

Wer im Englischen polare Temperaturen beispielsweise mit *minus ten* degrees oder Ähnlichem übersetzt, ist *North of Alaska* (auf dem Holzweg). Im Englischen befindet man sich unterhalb der Nullgradgrenze, wenn man *below zero* ist. Dies ist im anglophonen Sprachraum ohnehin schwierig, weil dort die Temperatur mit Grad Fahrenheit gemessen wird, die ihren Gefrierpunkt bei 30 Grad hat. 0 Grad Fahrenheit sind etwa -17 Grad Celsius.

Auch wenn es aus dem Zusammenhang meist gut klar wird, macht es manchmal Sinn, den Zusatz "*Centigrade*" anzufügen, wenn man Grad Celsius meint, weil anglophone Länder, wie gesagt, temperaturseits auf Fahrenheit gepolt sind.

z.B. Today it is freezing cold, I heard about *10 below zero*.

Where are you from?

Liebe geht durch den Magen. Manchmal definieren sich aber auch die Bewohner eines Ortes über ein lokaltypisches Gericht:

Ein waschechter *Liverpooler* heißt auf Englisch "*Liverpudlian*" oder "*Scouser*", wobei der zweite Term seinen Ursprung, in dem für Liverpool typischen Gericht, "*Labskaus*" hat.

Head On – oder der Kopf eines Bieres

Wenn man die Begriffe Kopf und Bier verbindet, assoziiert man meist Unangenehmes. Dicker Schädel, Lautstärke ins Unendliche amplifiziert, heilige Schwüre, Alkohol nie mehr auch nur anzusehen.

Für Liebhaber der irischen Biermarke Guiness, ist der "*head*", die Schaumkrone, eines solchen Bieres unverzichtbares Qualitätsmerkmal und als solches für den uneingeschränkten Genuss dieser wenig viskosen Hopfenkaltschale, ein absolutes Muss.

Radler auf Englisch – Shandy

Was im Deutschen zu interkulturellen Spannungen führen kann (Süddeutschland=Radler; Norddeutschland=Alsterwasser), lässt sich im angloamerikansichen Sprachraum problemlos mischen:

Die beliebte Mischung aus Bier und Limonade heißt auf Englisch: *Shandy*

Puristen können aber unangenehm überrascht werden, weil in US und GB statt Zitronenlimonade, manchmal Gingerale verwendet wird.

Hard Shoulder – Nichts zum Ausweinen

Wer im Englischen eine Schulter zum Anlehnen sucht, ist bei der "*hard shoulder*" an der falschen Adresse.

Eine "*hard shoulder*" ist, wer hätte das gedacht, die Standspur einer Schnellstraße oder Autobahn.

Office Equipment

Oft sind es die kleinen Dinge im Leben, die den entscheidenden Unterschied machen. Auch im Büro und besonders auf Englisch, deswegen hier ein paar Kleinigkeiten, die Ihnen in Ihrem Büroalltag begegnen könnten:

adhesive, sticky tape = *Tesa Film*

ballpoint pen = *Kugelschreiber*

felt-tip pen = *Filzstift*

notepad = *Notizblock*

paper clip = *Büroklammer*

pencil = *Bleistift*

rubber = *Radiergummi*

ruler = *Lineal*

scissors = *Schere*

Speedometer, Odometer, Revolution Counter

Für Autofreaks sind die drei Begriffe in der Überschrift ein absolutes Muss.

Speedometer als Tachometer leuchtet noch einigermaßen ein.

Der Begriff *odometer* für Kilometerzähler ist nur für humanistische Großhirne plausibel:

Altgriechisch: von griech. *hodós*, „Weg“ und *métron*, „Maß“ – also: „*Wegmesser*“

Revolution Counter hat nichts mit Karl Marx oder Ché Guevara zu tun, sondern ist der *Drehzahlmesser.*

Sound – gesund, tief, Ton

Des englische Wort „*sound*“ hat wie so viele andere Vokabeln mehrere deutsche Übersetzungsmöglichkeiten und muss je nach Kontext anders interpretiert werden.

“*Sound*” bedeutet nicht nur “*Ton*“, sondern auch gesund, und tief, bzw. fundiert.

z.B. A *sound* mind in a sound body. = Ein gesunder Geist in einem gesunden Körper.

To have a *sound* knowledge. = Ein fundiertes Wissen haben.

This *sounds* good. = Klingt gut.

To *sound* something out. = Etwas ergründen.

Of *unsound mind* = unzurechnungsfähig

V und W – deutsche Ausspracheprobleme

Neben der Urmutter aller Ausspracheprobleme bei Englisch lernenden Deutschen, dem "*th*", gibt es noch ein weniger bekanntes Phänomen der englischen Phonetik, das auch hochgradig anglophone Germanen sofort als Deutsche verrät.

Das deutsche "*Wald-, und Wiesen W*" wird im Englischen verwendet, um Wörter mit "*v*" auszusprechen. Die Schneidezähne kommen hierbei auf die Unterlippe.

z.B.: *vixen* (=Füchsin), *van*, *vigorous*, *vibration*

Wörter die im Englischen mit "*w*" beginnen, werden im Mundraum gebildet.

wardrobe, *wanderer*, *war*

Das Wort "*vet*" (=Tierarzt), beispielsweise, kann von einem Engländer fälschlicherweise als "*wet*" missverstanden werden, wenn der Anfangsbuchstabe falsch ausgesprochen wird.

Latinate And Saxonate Words – von Lateinern und Sachsen

Viele Wörter der englischen Sprache haben entweder lateinischen (bzw. französischen) Ursprung (=*Latinate*), oder stammen von Einwanderern aus Sachsen, Friesland oder Jütland(=*Saxonate*)

Die Wörter, die aus der ersten Gruppe stammen, werden vorwiegend in der Schriftsprache verwendet, und sind in der *Umgangssprache* verpönt, weil diese dem Sprecher einen etwas überspannten Anstrich geben. Hier bedient man sich lieber Vokabulars mit sächsischem Ursprung:

Beispiele:

Latinate / *Saxonate* / *deutsche Übersetzung*

extinguish / put out / löschen

cancel / call off / stornieren

abattoir / slaughterhouse / Schlachthaus

continue / go on / weitermachen

prior / before / ehe, bevor

Top Tier – hohes Tier

In einer immer kompetitiver werdenden Gesellschaft bekommen Rangordnungen einen immer größeren Stellenwert. Ein englisches Wort für Rangordnung ist "*tier*", was natürlich mit dem deutschen "*Tier"* überhaupt nichts zu tun hat.

"*To be top tier*" bedeutet lediglich "*an der Spitze zu stehen*" und ist absolut nichts animalisches, oder doch?

Hen Party, Stag Night – von Hennen und Hirschen

Emanzipation machts möglich: Mittlerweile lassen sich nicht nur Junggesellen vor ihrer Hochzeit in einem dekadenten Gelage so richtig gehen, auch zukünftige Ehefrauen wollen vor dem Anlaufen des Ehehafens noch einmal sicherstellen, nichts versäumt zu haben.

Der englische Ausdruck für *Jungesellinnenabschied* ist: "*hen party*" (Hühnerparty)

Mag dieser Begriff zunächst politisch nicht ganz korrekt erscheinen, relativiert er sich ganz schnell im Bezug auf sein männliches Äquivalent: *stag night* (=Hirschennacht)

Mühle – Nine Man Morris

Schopenhauer hat gesagt, dass Menschen, die sich keine Gedanken machen, Karten spielen, weil sie dann statt Gedanken Karten austauschen können.

Auch wenn Brettspiele nicht unbedingt kommunikativer sind, erfreuen sich jedoch großer Beliebtheit. Die Bekanntesten sind, auch in anglophonen Ländern:

Dame = *checkers*

Schach = *chess*

Mühle = *Nine Man Morris*

Der exotische anmutende Name für *Mühle*, stammt von der lateinischen Bezeichnung *merellus*, was Spielstein bedeutet. Mühle wurde von römischen Soldaten auf die britische Insel "eingeschleppt".

Fund, Found, Find

Wie so oft im Englischen macht ein Buchstabe einen großen Unterschied. Verwechslungsträchtig sind traditionsgemäß, bei Englisch lernenden Deutschen, die drei Begriffe in der Überschrift.

fund = finanzieren, *find* = finden, *found* = gründen

Besonders problematisch gestalten sich hierbei *find* und *found*, weil *found* gleichzeitig das simple past und das past participle von *find* ist. Die Vergangenheit und das Partizip Perfekt von *found* sind jeweils *founded*. Alles klar?

Beispiele:

The company was *funded* by investment bankers. (funded = finanziert)

The company was *founded* by investment bankers. (founded = gegründet)

He has always *found* her likable. (found = Vergangenheit von find)

Double Dutch- spanische Dörfer auf Englisch

Wenn einem in Deutsch etwas spanisch vorkommt und man überhaupt nichts mehr versteht, kann man sich auf Englisch mit dem Ausdruck behelfen: "*that is double dutch to me*".

Der Ausdruck stammt aus dem 17 Jahrhundert: Aufgrund der Animositäten zwischen England und Holland, als konkurrierende Seefahrerstaaten, wurde englischerseits versucht den Rivalen mit dieser Redensart abzuwerten.

Für diejenigen unter den Lesern, die keine Berührungsängste mit unterprivilegierten Bevölkerungsschichten haben, gibt es in den USA einen Sport mit demselben Namen, der aus eine Art Seilspringen mit zwei Seilen besteht. Dieser Sport ist besonders in Gegenden populär, in denen es keinen Platz für Golf-, und Tennisplätze bzw. Reitanlagen gibt.

Bitte – englisches Zauberwort

Besonders in GB spielt das Wort "*please*" eine wesentlich wichtigere Rolle als bei uns. Was bei uns "*nice to have*" ist, ist im Vereinigten Königreich von Großbritannien und Nordirland absolut "*mandatory*". Also, beim Äußern eines Begehrens, niemals vergessen "*please*" anzuhängen, weil sonst ein interkultureller Tsunami droht.

Vorsicht jedoch beim Deutschen "*wie bitte*?", wenn Sie etwas aufs erste Mal nicht verstanden haben. Die englischen Entsprechungen hierfür sind: *pardon*, *say again*, *come again*, *repeat*.....

Wenn Sie jemandem höflich einen Dank vergelten wollen, ist die englischsprachige, idiomatisch richtige Antwort: *welcome*, *my pleasure*, *don't mention it.* Auch hier ist „*please*" unangebracht und würde für Verwirrung sorgen.

Chillaxing And Chortle – hybridisiertes Englisch

Als wäre das babylonische Sprachgewirr, aus dem die englische Sprache ihre Wörter rekrutiert, nicht schon groß genug, gibt es darüber hinaus auch noch Vokabeln, die sich aus zwei unterschiedlichen zusammensetzen: also, aus zwei mach eins.

chill + *relax* = *chillax*

chuckle (kichern) + *snor*t (schnauben) = *chortle* (glucksen, prusten)

Fender Bender – kleiner Blechschaden

Ein Kunde von mir war neulich sehr deprimiert, weil ihm jemand in seinen neuen Porsche gefahren ist und der Kotflügel eingedellt war.

Auch wenn sich bei so manchem in diesem Zusammenhang das Mitleid in Grenzen halten wird, ist ein kleiner Blechschaden immer ärgerlich.

Im umgangssprachlichen US Englisch wird ein solcher kleiner Blechschaden als "*fender bender*" bezeichnet. (*fender* = Kühlergrill; *to bend* = biegen)

Up The Ante

Alle Lateiner unter den Lesern wissen natürlich, dass "*ante*" auf Deutsch "*ehe, vor*" bedeutet.

Im Englischen wird der Ausdruck vor allem, Zocker aufgepasst, beim Poker verwendet, was dann soviel wie "*Einsatz, Vorschuss*" heißen will.

z.B. If you want to take part in this game, you will have to *ante* 1,000 $.

oder:

z.B. He *upped the ante* by 10,000 $.

"*to up the ante*" = "den Einsatz erhöhen"

The Buck Stops Here – Schwarzer Peter auf Englisch

Nichts ist schöner als unangenehme Sachen auf andere abzuwälzen, und wenn man sich nicht ein paar vernünftige Abwehrstrategien ausdenkt wird, man schnell zum Sondermülldepot seiner Umgebung.

Den schwarzen Peter weitergeben heißt auf Englisch: "*to pass the buck*"

Zum Glück gibt es noch echte Kerle, die Verantwortung übernehmen können, und sich nicht scheuen, die Hände schmutzig zu machen. Und weil Harry S. Truman ein solcher Anpacker war, war an seine Tür ein Zettel genagelt: "*The Buck Stops Here*". Was soviel bedeutet wie: "*hier wird der schwarze Peter nicht mehr weitergegeben*", also hier wird nicht gejammert, sondern Nägel mit Köpfen gemacht.

Vielleicht sollte sich Angie ein Beispiel nehmen, und in Anlehnung daran, dass "*Buck*" auch Spitznahme für "*Dollar*" ist, einen Zettel an ihr Büro heften mit dem Text: "*The Euro Stops Here*".

Gimme A Ticket for A Chairoplane

Das Oktoberfest ist vorbei, was aber die englische Bezeichnung für "*Kettenkarussell*" nicht weniger kurios macht, nämlich "*chairoplane*".

Weiteres hilfreiches Englisch Survival-Vokabular für das Oktoberfest, sollten Sie sich in das Hofbräuzelt (beliebte Anlaufstelle für englischsprachige Wiesnbesucher) verlaufen:

merry-go-round = Karussell; *beerstein* = Bierkrug; *roller coaster* = Achterbahn

beer tent = Bierzelt; *big wheel* = Riesenrad

Bucket List – alles im Eimer

Dass sich Hollywoods Filmindustrie auch um die Bereicherung der englischen Sprache verdient macht, beweist die eigens für einen Film kreierte Redewendung "*bucket list*".

Eine "*bucket list*" ist eine Liste mit Dingen, die man unbedingt noch erledigen sollte, bevor man das Zeitliche segnet, wie z.B. dem Boss die Meinung geigen, exotische Länder besuchen usw.

Dieser Ausdruck hat seinen Ursprung in einer anderen Redewendung "*to kick the bucket*", was soviel wie *abkratzen*, *abnippeln* usw. bedeutet.

Goody Two Shoes – Schuh mer mal

Wir sind eigentlich alle ganz ok. Auch wenn wir es manchmal faustdick hinter den Ohren haben, sind wir letztendlich der Ansicht, dass wir eigentlich doch ein Herz aus Gold haben.

Auf Englisch könnten Sie dies ausdrücken, indem Sie den Ausdruck "*do-gooder*" (Gutmensch) oder " *goody two shoes*" verwenden.

z.B. Molly is such a sweetheart, she is such a *goody two shoes*.

Aber Vorsicht, ein echter *Gutmensch* würde das natürlich nie selber für sich in Anspruch nehmen.

Walleye – kein Big Brother

Soziale Netzwerke wollen immer mehr von unseren persönlichen Daten und manchmal kommt es einem so vor, als wäre 1984 schon lange nicht mehr nur Fiktion.

Aber keine Angst: im Englischen ist "*walleye*" kein elektronisches Auge in der Wand, das versucht Ihre Privatsphäre auszuspionieren, sondern ein "*Schielauge*".

z.B. This girl maybe *walleyed*, but I still find her very attractive.

Der Ausdruck kommt von der Fischart "*walleye*" (Glasaugenbarsch), die sich durch besonders prominente Sehorgane auszeichnet.

Candy Mountain – englischer Ponyhof

Wenn wieder mal alles schief läuft, bleibt einfach oft nur resigniert festzustellen, dass das Leben nicht immer ein Ponyhof sein kann.

Auf Englisch könnte man das idiomatisch so ausdrücken:

Life´s not always a *candy mountain*.

Für die Hartgesottenen, die eher der Blut-, und Bodenfraktion angehören, und die vielleicht eher nach der Maxime "*nur die Harten kommen in den Garten*" leben, gibt es im Englischen folgenden Spruch:

When the going gets tough, the tough get going.

Garter – das Strumpfband, oder ein Schelm, wer Böses dabei denkt

Auf dem Oktoberfest ist das Strumpfband wieder ganz groß in Mode, und was nach reichlichem Alkoholkonsum auf der Wiesn männliche Gehirnzellen lendenwärts pilgern lässt, ist im Vereinigten Königreich von Großbritannien und Nordirland ein ernste Sache.

Der *Order of The Garter* (*garter* = Strumpfband), auf Deutsch, der *Hosenbandorden*, ist ein Ritterorden, dem außer dem Monarchen und dem *Prince of Wales* nur noch 24 weitere erlesene Auserwählte angehören.

Die Entstehung dieser Schicki-Micki Truppe, verdankt Ihren kuriosen Namen einem Missgeschick, bei dem der englische König Eduard III, das Strumpfband seiner Gattin, das diese beim Tanzen verloren hatte, aufhob, sich selber anzog und sagte, um die peinliche Situation zu entschärfen: "*Honi sois qui mal y pense*", = "*ein Schelm wer Böses dabei denkt*"; die englische Schickeria sprach damals Französisch, was seitdem das Ordensmotto ist.

Satzstellung auf Englisch – englische Straßenverkehrsordnung

Vielen Englisch Lernenden fällt es immer wieder schwer, die einzelnen Satzglieder eines englischen Satzes in die richtige Reihenfolge zu bringen. Dabei ist es eigentlich ganz einfach, weil das Schema immer nach dem gleichen Muster abläuft:

Subjekt / Verb / Objekt (Eselsbrücke SVO= Straßenvekehrsordnung)

Peter plays football.

Natürlich können Sie so keine spannenden Sätze bilden, und wenn Sie den nächsten Bestseller schreiben wollen, brauchen Sie zumindest noch einige Ausschmückungen.

Wenn Sie einen einfachen Satz um Attribute der Zeit und des Ortes ergänzen wollen, gilt immer folgende Regel: *Ort vor Zeit*

Subjekt / Verb / Objekt / Lokalattribut / Temporalattribut

Peter plays football at school every morning.

To Have It Coming And to Ask for It

Risikosportarten erfreuen sich großer Beliebtheit, wobei angestauter Abenteuerlust so richtig freier Lauf gelassen werden kann. Manche schlagen über die Stränge und bekommen prompt die Quittung.

Im Englischen drückt man eine übermäßige Risikobereitschaft mit der einhergehenden, unangenehmen Konsequenz, mit den Redewendungen aus: "*to have it coming*" oder "*to ask for it*".

z.B.: You have only yourself to blame, you really *had it coming*. Oder:

Don´t make a move on his girlfriend, *it´s like asking for it*. (trouble)

Wenn prompt nicht gleich sofort ist

Und wieder einmal ist "*falsche Freunde Alarm*". Diesmal dreht es sich um das Wort "*prompt*".

Der Satz "*to prompt a response*" hat zum Beispiel nichts mit einer sofortigen Antwort zu tun.

"*to prompt*" bedeutet im Englischen "*veranlassen*, bzw. *etwas auslösen*".

z.B.

The minister's behavior *prompted* a scandal.

Besonderheiten des Simple Present – immer präsent

Es gibt eine kleine Gruppe von Verben, die nicht ein Verbindung mit einer Aktivität benutzt werden, sondern eine Art Wesenszustand beschreiben. Diese Verben werden ausschließlich im "*Simple Present*" verwendet.

Ein Beispiel hierfür wäre der Satz: I *need* a drink now.

Obwohl das Adverb *now* eigentlich den Gebrauch der *Verlaufsform* (-ing Form) vorschreibt, wird die *einfache Form* (Simple Present) verwendet, weil *need* einen Zustand der handelnden Person beschreibt.

weitere Verben: *like, love, hate, prefer, need, want, believe, remember, forget, understand, mean, seem, depend on, belong to, know*

"Echt" Englisch – aber auch von anderswo

Ein gutes Beispiel für die Vielseitigkeit der englischen Sprache ist das Wort "*echt*", das mit einer Vielzahl von Synonymen und Lehnwörtern aus verschiedensten Ländern wiedergegeben werden kann:

the real Mc Coy = Schottland

pukka = Indien

kosher = Hebräsich

dinkum = Australische Eingeborenensprache

bona fide = Latein

all diese Worte bedeuten also "echt, richtig":

z.B. This is a bona fide Oktoberfest beer.

Acronyms And No End to It

Hier einige Abkürzungen, die vor allem im Business Umfeld sehr gebräuchlich sind:

BRB = *be right back*

OOO = *out of office*

AWOL = *absent without official license*

BTW = *by the way*

NNTR = *no need to reply*

FYI = *for your information*

THX = *thanks*

PLS = *please*

LDL = *let´s discuss live*

ASAP = *as soon as possible*

EOM = *end of message*

Borrow And Lend – unterschiedlich leihen

Zur Zeit leiht jeder jedem Geld, und als wäre es nicht so schon schwer genug den Überblick zu behalten, muss man im Englischen auch noch aufpassen wer wem, oder von wem man leiht bzw. ausleiht. Alles klar?

Im Englischen leiht man transitiv mit dem Wort "*borrow*":

z.B. Can I *borrow* your pen?

Intransitiv borgt man mit "*lend*":

z.B. Can you *lend* me 1,000 €?

Also immer wenn das Subjckt der Verleiher ist, dann "*lend*", wenn der Leihende das Subjekt ist dann "*borrow*".

Thank you for having me

Ein nützlicher Satz, wenn Sie bei Meetings vorgestellt werden ist:

"*Thank you for having me.*" was soviel bedeutet wie: "*Danke, dass ich heute hier sein darf.*"

Andere Möglichkeiten: "*I am so glad to be here*", "*It is good to see you all here again*", "*Thanks for the invitation, it is a great pleasure to be here.*"

Shicksa – Bavarian, American, Yiddish

Das Oktoberfest geht wieder los, und endlich kann man sein Gehirn wieder nach unterhalb der Gürtellinie verlagern. Smartphones, Internet und Onlinedating müssen ursprünglicheren Trieben weichen, die in Bierzelten, nachdem Sie in trockener Büroatmosphäre das ganze Jahr unterdrückt wurden, nach der zweiten Maß, endlich hemmungslos ausgelebt werden können.

In diesem Zusammenhang ist vielleicht das bayerische Wort "*Schickse*" interessant, welches das Objekt männlicher Balz fokussiert. Eine "*Schickse*" ist die Bezeichnung für die, oft attraktive und kokette, weibliche Ausführung der menschlichen Spezies, im süddeutschen Tonfall.

Das Wort hat seine Ursprung im *Jiddischen*, wo es eine Frau bezeichnet, die nicht mosaischen Glaubens ist.

In den USA ist eine "*shicksa*" eine junge, ebenfalls oft sehr attraktive Frau, mit typischen "WASP" (*White Anglo Saxon Protestant*) Merkmalen. Das Wort wird vorwiegend in einer Umgebung mit typisch jüdischem ethnischen Hintergrund verwendet.

Take And Last – unterschiedlich dauern

Wenn etwas Zeit in Anspruch nimmt, wird im Englischen genauer unterschieden, als im Deutschen. Vielleicht, weil eine Nation von Händlern und Seefahren sehr knapp mit diesem wertvollen Gut versorgt war, wird das Wort "*take*" benutzt, wenn etwas die Zeit einer Person in Anspruch nimmt. Die Zeit wird dann sozusagen der Person weggenommen.

z.B.

It *took me* half an hour to get to the airport.

Wenn etwas dauert, ohne Einfluss auf die entsprechende Person zu haben, diese also nicht Subjekt ist, verwendet man "*last*".

z.B.

Our relationship *lasted* three years.

A Tough Cookie – zäh wie Leder

Die Weihnachtszeit ist vorbei und manch einem liegt die Völlerei mit Naschwerk und Spezereien schwer im Magen. Auch im Englischen ist eine idiomatische Redewendung besonders hartnäckig:

a tough cookie = ein zäher Kerl

z.B.

This customer is a real tough cookie our sales reps have tried to convince him for ages, to no avail.

ein weiteres Cookie Idiom:

That´s the way the cookie crumbles. = So läuft der Hase nun mal.

Boxing Day – ohne Kampf

In Vereinigten Königreich von Großbritannien und Nordirland und vielen anderen Ländern des Commonwealth wird der zweite Weihnachtsfeiertag als "*Boxing Day*" gefeiert.

Dies hat nichts damit zu tun, dass an diesem Tag etwa Faustkämpfe ausgetragen werden, sondern der Ursprung des Namens rührt von dem Brauch her, dass die Herrschaften früher ihren Bediensteten an diesem Tag die Weihnachtsgeschenke, in Schachteln (*boxes*) verpackt, übergeben haben.

Out Of Left Field – vollkommen unpolitisch

Wie Sie sicher wissen, ist Baseball eine der beliebtesten Sportarten in den USA, und so ist es kein Wunder, dass diese medientauglich gemachte Abart des britischen Cricket, die Grundlage für viele Redewendungen der Umgangssprache ist.

Eine davon ist "*coming out of left field*". Sollten Sie eine APO Vergangenheit haben, oder mit selbstgestrickten "Stoppt Strauss" Pullovern auf Demonstrationen gegangen sein, brauchen Sie keine Angst haben, dass dieser Begriff von amerikanischen Tea-Party Republicans geprägt wurde, um mutmaßliche Terrorismusherde zu brandmarken.

"*Coming out of left field*" meint lediglich, dass etwas vollkommen unerwartet, bzw. überraschend passiert.

z.B. Boss, I know this is coming a little *out of left field*, but I need more money.

Busboy – schneller als ein Busfahrer

Wer in den USA bei einem "*busboy*" einen Fahrschein lösen will, ist an der falschen Adresse, weil dies eine Küchenhilfe ist, bzw. jemand der in Fastfood Restaurants benutztes Geschirr abräumt.

Weil es in der Natur des Menschen ist aus allem einen Wettbewerb zu machen, gibt jährlich Wettkämpfe um den Titel des schnellsten *busboy*.

Current – aktuell unter Strom

Einer der Lieblingsfehler der Englisch lernenden Deutschen ist "*actually*" im Sinne von "*aktuell*" zu übersetzen.

Jedoch bedeutet "*actually*" „*eigentlich*" und das deutsche Wort "*aktuell*" kann idiomatischer mit "*recently*" oder "*currently*" wiedergegeben werden.

Interessant zu wissen, dass das Eigenschaftswort, von dem es abgeleitet ist, nämlich "*current*", nicht nur "*gegenwärtig, geläufig*" bedeutet, sondern auch noch die englische Entsprechung des deutschen Nomens "*Strom, Elektrizität*" ist.

Dealing With Hecklers – oder wie Sie Zwischenrufer zum Schweigen bringen

Wer kennt Sie nicht: haben keine eigenen Ideen, aber ständig etwas auszusetzen, bringen keine neuen Impulse, mosern aber an jeder Kleinigkeit herum. In einem Business Meeting manifestiert sich diese Spezies meistens in Form von Zwischenrufern, die versuchen Aufmerksamkeit zu bekommen, ohne wirklich einen Beitrag zu leisten. Lassen Sie ich auf deren Spiel ein, wird die Agenda auf Nebenkriegsschauplätze verlegt und das Meeting endet im Chaos.

Hier einige Sätze wie Sie Zwischenrufer auf Englisch zum Schweigen bringen:

* That is a very good point, let´s look into that later
* It must be really an important call to get it during meeting
* I think we better leave that for another meeting
* I have never heard anyone opening a mineral water bottle that loudly
* Let´s stay focused

Redcap – gar nicht märchenhaft

Wer hier als "*Grimm-Junkie*" nach dem bösen Wolf Ausschau hält ist auf dem woodway.

Ein "*redcap*" ist aufgrund der roten Farbe seiner Kopfbedeckung, was in Bayern früher als Dienstmann bekannt war (Aloisius lässt grüßen), also ein Gepäckträger auf dem Bahnhof.

Das englische "*Rotkäppchen*" heißt "*Little Red Riding Hood*".

“S” gezischt und nicht gesummt

Genau wie bei James Bond der Martini gerührt und nicht geschüttelt sein muss, macht es im Englischen einen großen Unterschied, ob der Buchstabe „*S*“ am Anfang eines Wortes stimmhaft, bzw. gezischt ausgesprochen wird. Besonders Norddeutsche sind in diesem Zusammenhang im Nachteil, weil die von ihnen bevorzugte stimmhafte Ausführung, zu Missverständnissen führen kann.

Meint der Nordgermane „*sink*“ (sink = Waschbecken) und spricht das „*S*“ stimmhaft, versteht der Anglophone „*zinc*“ (zinc = Zink). Ähnlich: *sip* = in kleinen Schlücken trinken; *zip* = Reißverschluss. Zum Glück ist das Katastrophenpotential in diesem Zusammenhang sehr gering, weil die Anzahl der Wörter die mit „*Z*“ beginnen gering ist.

Rainmaker

Nach drei sonnigen Tagen regnet es endlich wieder, sonst hätte man schon fast vergessen, dass wir in Deutschland sind.

Verantwortlich dafür ist aber nicht der “*rainmaker*“, weil dies im US amerikanischen Englisch die Bezeichnung für einen Staranwalt ist.

Der Begriff hat seinen Ursprung in dem Geldregen, den amerikanische Anwälte, besonders durch “*liability claims*” (Haftungsansprüchen gegenüber Firmen) ihren Mandanten bescheren.

Lackluster – Lack ab

Das englische Wort “*lackluster*” setzt sich zusammen aus “*lack*” = “*Mangel*” und “*luster*” = “Glanz“, hat also nichts mit einem Farbentransport (Lacklaster, für die Kreativen unter den falsche Freunde Artisten).

Die deutsche Bedeutung meint wohl etwas wie:”*mittelmäßig,glanzlos, mitläuferisch*“, englische Synonyme wären: “*mediocre, uninspired, lifeless*“.

To Beg – nicht nur betteln

Das Wort “*beg*” wird meistens in Zusammenhang mit dem deutschen “betteln” übersetzt. “*To beg*” kann man aber auch verwenden, wenn man besonders höflich auf ein Begehren aufmerksam machen will.

Die in diesem Kontext wohl meist verwendete Floskel ist: “*I beg your pardon?*” = ”*Wie Bitte*?” (wenn man etwas aufs erste Mal nicht verstanden hat, oder verstehen will)

Ebenso sehr populär: “*I beg to differ.*” = “*Da bin ich anderer Meinung.*” oder “*I beg to enquire.*” = “*Ich möchte mal kurz anfragen.*”

Dieses Konstrukt ist nur in sehr formeller Umgebung passend und wird Ihnen in einer Arbeiterkneipe, falls Sie solche Etablissements aufsuchen, fragende Blicke und hochgezogene Augenbrauen ernten.

Ziegelsteine schwitzen

Das Wetter war nun zwei Tage ununterbrochen schön, da wird es für den echten Teutonen Zeit etwas zu Meckern zu finden.

Wenn Sie sich auf Englisch darüber beklagen wollen, dass es Ihnen zu heiß ist können Sie das besonders idiomatisch tun, indem Sie die Redewendung "*to sweat bricks*" (wörtlich Ziegelsteine schwitzen) verwenden. Alternativ können Sie im britischen Sprachraum "*cobs*" (Lehmziegel) ausdünsten.

Generell könnte man noch anfügen, dass man eigentlich im anglophonen Sprachraum allerlei Dinge über seine Schweißdrüsen absondern kann, wenn man dem Volksmund Glauben schenkt. Dahingehend sind idiomatischen Vergleichen im Bezug auf das salzige Körpersekret im Englischen keine Grenzen gesetzt, wobei auch die Limits des guten Geschmacks teilweise einer Belastungsprobe unterworfen werden.

To sweat bullets oder *to sweat balls*, *to sweat like a fat chick in disco* sind nur einige Beispiele

Joint – Bratenkneipeknastgelenkhaschischzigarette

Eine der Hauptfiesitäten der englischen Sprache ist die Tatsache, dass ein englisches Wort manchmal eine unüberschaubare Anzahl von deutschen Entsprechungen hat, so dass es schwerfällt den Überblick zu behalten.

Ein gutes Beispiel hierfür ist "*joint*" was u.a. folgende Bedeutungen im Deutschen haben kann:

Gelenk, Braten, Knast, Kneipe, Gefängnis, Haschischzigarette und viele mehr.

Zum Glück wissen Sie bereits, dass ein "*joint venture*" kein Konglomerat von Haschischpflanzern ist.

Pimp – zuhalten

Der neudeutsche Neologismus "*pimpen*" wird besonders von Jugendlichen oft und gerne verwendet, so dass es vielleicht lohnt auszukundschaften, woher dieser Ausdruck eigentlich stammt.

"*Pimp*" ist im Englischen die Bezeichnung für einen Procurement-, bzw. Human Resources Manager im ältesten Gewerbe der Welt. Die Mitglieder dieser Zunft wurden in den USA, besonders in den 70er Jahren, durch ihr schrill, bizarres Outfit bekannt, so dass dieser Ausdruck auch Synonym für alles Grelle und Marktschreierische geworden ist.

Die Verbform "*to pimp*" heißt deswegen etwas *aufmotzten*.

Den Höhepunkt erreichte dieser Modestil mit den sogenannten *Blaxploitation* Filmen, in denen der leger, lässige Lebensstil von Afroamerikanern derart überzeichnet wurde, um diese zu Clowns zu degradieren, und so die *Black Power* Bewegung lächerlich zu machen.

Die Parallele sind heutzutage Hip-Hop Videos, in denen Schwarze als Rolex tragende, mercedessüchtige Testosteronsilos, mit armdicken Goldketten porträtiert werden, und die zu 70 % von weißen Jugendlichen der Mittelschicht gesehen werden.

Worrywart – Sorgensilo

Die Deutschen sind Weltmeister im Pessimismus und was in der Bundesrepublik nicht weiter auffiele, wäre in den Vereinigten Staaten noch auffälliger als ein rosa Elefant.

Deswegen gibt es für jemanden, der sich unnötigerweise ständig Sorgen macht und versucht seine Umgebung mit seiner Schwarzmalerei anzustecken, einen wenig schmeichelhaften Ausdruck, nämlich: "*worrywart*".

to worry = sich sorgen machen; *wart* = Warze

Ambidextrous – beidhändig rechts

Multitasking is the name of the game. Wer bewundert nicht Teenager die gleichzeitig, X Box spielen, fernsehen und mit ihren Freunden telefonieren können, während Lady Gaga´s Pokerface aus der Stereoanlage dröhnt und die Scheiben vibrieren lässt.

Auch Erwachsene müssen heute in der Kunst der der Mehrfachbelegung Ihrer mentalen und physischen Ressourcen bewandert sein, um in der, darwinistische Ausmaße annehmenden Leistungsgesellschaft, nicht unterzugehen.

Es ist schon lange nicht mehr kleinwüchsigen französischen Kaisern vorbehalten (von Napoleon sagt man, dass er zwei Briefe auf einmal schreiben konnte) sondern auch Fritze Müller muss heute an allen Fronten gleichzeitig kämpfen.

Klar im Vorteil ist in dieser Beziehung, wer hier beide Hände frei hat, d.h. nicht durch die Bevorzugung einer Seite in seinem Schaffensdrang unilateral behindert ist.

Auf Englisch werden solche Menschen als "*ambidextrous*" bezeichnet.

Latein: *ambo* = beide; *dexter* = rechts

Wahrscheinlich werden mit der immer rasanter fortschreitenden technologischen Entwicklung auch zwei Hände nicht mehr reichen, und die Menschen der Zukunft werden wieder lernen müssen, wie unsere auf Bäumen lebenden Vorfahren, ihre Füße zu gebrauchen, um noch mehr Aufgaben simultan erledigen zu können.

Nicknames – mehr als nur ein Spitzname

Jeder, der ein E-mail account hat, oder sich schon einmal bei einer Dating Site eingeloggt hat, weiß, was ein "*Nickname*" ist.

Interessant, dass es dafür im Englischen noch sehr viele Synonyme gibt:

z.B. *moniker, pet name, sobriquet, cognomen*

Außerdem:

Leute, die ihr Geld, mit nicht ganz astreinen Geschäften verdienen, können vielleicht einen "*alias*" gebrauchen. (einen falschen Namen, der die Betroffenen hinters Licht führt).

Schriftsteller haben einen "*pen name*", (Pseudonym").

Da Doppelnamen in anglophonen Ländern nicht üblich sind, und dort kreative Wortschöpfungen wir z.B. "Leutheuser-Schnarrenberger" leider nicht vorkommen, müssen Ehefrauen ihren "*maiden name*" am Traualtar abgeben.

Brief – verbriefter falscher Freund

In der Ruhmeshalle der falschen Freund hat "*brief*" von jeher einen Ehrenplatz. "*Brief*" heißt auf Englisch "*letter*", und "*letter*"auf Deutsch"Brief".

Ein "*briefcase*" ist keine "*Brieftasche*", sondern ein *Aktenkoffer.*

Interessant wird es im US amerikanischen Englisch, wo "*briefs*" für die Art Unterwäsche steht, die im Deutschen "*Slip*" heißt.

Auf Englisch kann "*slip*" außer Unterhose noch eine Vielzahl anderer Bedeutungen haben, so ist zum Beispiel ein "*issue slip*", ein *Lieferschein.*

DIY – Acronyms And No End to It

Wenn Papi im Keller die Werkzeuge ordnet und die Hobelbank klarmacht, ist in der Familie Alarmstufe Rot angesagt.

Nicht nur, dass die Elaborate väterlicher Handwerkskunst, meist den Nutzen, durch weibliche Shoppingsucht erworbener Artefakte, sogar noch unterbieten, sie stellen eventuell eine Gefahr für das körperliche Wohlbefinden des männlichen Familienoberhauptes dar. Auch offenbart sich, wenn Papi vom Schöpfungsdrang übermannt wird, seine Neigung zum Fluchen und dem Benutzen von unflätigen Ausdrücken, was seiner Vorbildfunktion gegenüber seines Nachwuchses nur sehr wenig zuträglich ist.

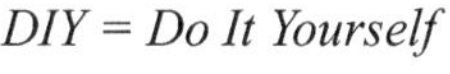
DIY = Do It Yourself

oder:

Gut für die Baumärkte, gefährlich für Papi.

Sweatshop – Sauna ohne Wellness

Wir allen mögen möglichst wenig für unsere Produkte zahlen. Dass es nicht mit rechten Dingen zugehen kann, wenn man ein T-Shirt für 1,99 € inkl Mwst. kauft, leuchtet ein.

Billiglohnländer wie z.B. China oder Indien produzieren Waren oft zu unmenschlichen Bedingungen in “*sweatshops*” (= Deutsch “Knochenmühle”), in denen Arbeiter bei langen Arbeitszeiten für wenig Brot viel arbeiten.

Y-Fronts – mit Eingriff

Wer kennt Sie nicht, Schrecken aller Schlafzimmer und ständiger Kritikpunkt nörgelsüchtiger Frauenzimmer:

Die Unterhose mit Eingriff. Was auf Englisch zunächst wie eine neue Terrororganisation anhört, entpuppt sich als der Klassiker im Bezug auf männliche Dessous: *Y-Fronts*

Für den gemütlichen Fernsehabend werden diese vorzugsweise mit einem "wife-beater"(*Doppelrippunterhemd*) und einer Dose Bier getragen.

Vorsicht: ein weiterer Ausdruck für diese Art Unterwäsche ist "*briefs*", bitte nicht mit dem deutschen Brief verwechseln.

An Act of God – die Hand Gottes

Wenn Sie auf Englisch ausdrücken wollen, dass etwas aufgrund "*höherer Gewalt*" passiert, hat im Englischen der liebe Gott seine Hand im Spiel. (Der Ausdruck existierte schon vor Maradona) Benützen Sie also den Ausdruck "*an act of God*". Und denken Sie daran, dass man im Englischen den Namen des Herrn groß schreibt.

z.B.:

I was no my fault it was due to an *act of God.*

Maverick – meisterhafter Eigenbrödler

Dirk Nowitzki hat mit den Dallas "*Mavericks*" als erster Deutscher die amerikanischen Basketballmeisterschaften gewonnen. Aber was ist eigentlich ein "*Maverick*"?

Der Begriff stammt von dem amerikanischen Politiker und Viehzüchter *Samuel A. Maverick*, der sich weigerte seine Rinder zu brandmarken. Deswegen war ursprünglich ein "*Maverick*" der Ausdruck für ein Rind ohne Brandzeichen.

Im übertragenen Sinne ist ein "*Maverick*" heute Synoym für einen Eigenbrötler, Querdenker bzw. Rebellen.

Mean – genau, gemein, geizig

Europa muss sparen und hintenherum sind die Deutschen bei ihren europäischen Nachbarn längst als Geizkragen verschrien.

Die englische Entsprechung des deutschen "*geizig*" ist nicht ganz unproblematisch, weil "*mean*" (als Adjektiv) im Deutschen noch zwei andere Bedeutungen haben kann, nämlich *gemein* und *genau*, und jeweils nach Kontext entschieden werden muss, welche passt.

z.B.

Scrooge Mc Duck is one *mean* son of gun. (*geizig*)

Gaddafi was one *mean* person. (*böse*)

He sure plays a *mean* pinball. (*genau*)

Chair – mehr als nur eine Sitzgelegenheit

Die englische Vokabel "*chair*"(=Stuhl) ist in ihrer ursprünglichen Bedeutung für Englisch Lernende nicht wirklich eine Herausforderung. Erst in ihrer weiterführenden trennt sich die Spreu vom Weizen.

Oder haben Sie gewusst, Hand aufs Herz, dass "*chair*" auch ein Verb sein kann, welches dann "*den Vorsitz haben*" bedeuten kann. In diesem Zusammenhang muss natürlich auch das Hauptwort "*chair*", als Abürzung für "*chairman*" erwähnt werden.

Der "*chairman*" ist also kein Platzanweiser in einem Kino, oder Stuhlaufsteller am Strand, und kümmert sich auch nicht um Ausscheidungen, sondern der Vorsitzende einer Partei, oder Firma.

z.B.

Who is going *to chair* the meeting?

On My Watch – ohne Uhr

Selbst noch nicht so erfahrene ESL (English as a second language) Learner wissen, dass "*watch*" Armbanduhr bedeutet. Auch eine weitere Bedeutung dieser Vokabel, nämlich *beobachten*, bzw. *fernsehen* (watch tv) ist den meisten noch geläufig.

Dass "*watch*" auch ein Begriff aus der Seefahrersprache, was soviel wie Wache (Schicht auf einem Schiff) bedeutet, ist wohl nicht mehr Bestandteil des englischen Grundwortschatzes.

Wenn man im Englischen also "*on my watch*" sagt, meint man damit nicht "auf meiner Uhr", sondern so etwas wie "*solange ich hier etwas zu sagen haben*".

Punch Line – den Schlag ansagen

Viele Anlgoamerikaner lieben den Boxsport, woraus eine Unmenge von Redewendungen aus diesem Bereich resultieren, die ihren Einzug in die Umgangssprache gehalten haben.

Eine davon ist “*punch line*“:

Die “*punch line*“, ist der Teil eines Witzes, der diesen entweder zum echten Schenkelklopfer (thigh slapper), oder alle Beteiligten betreten macht: *die Pointe.*

Smartphone – keine Schmerzen

Smartphones sind im modernen Alltag unsere ständigen Begleiter geworden, damit wir wirklich 24 Stunden am Tag vernetzt sind. Der Begriff “*smartphone*” setzt sich zusammen aus “*smart*” = gescheit, schlau, und, na klar, *phone* = Telefon.

Es ist vielleicht besonders für die Besitzer dieser “*gescheiten*” Telefone interessant zu wissen, dass “*smart*” auch noch zwei vollkommen andere Bedeutungen haben kann:

schick, bzw. *weh tun.*

z.B.

This event is *smart-dress* only. oder Your shoes are very *smart.*

Stop biting me that *smarts.* oder This rash doesn´t only look bad, it also *smarts.*

Only Child – Single Parent – Familienbande

Die klassische Familie ist nicht mehr das alleinige Standardmodell in unserer Gesellschaft. Auch in der englischen Sprache gibt es Begriffe, die diese neue Familienstruktur dokumentieren.

Während vielen der Begriff der "*patchwork familiy*" noch geläufig ist, sind die Wörter "*only child*" für Einzelkind und "*single-parent*" für alleinerziehendes Elternteil eher kurios und gewöhnungsbedürftig.

Relentless – gnadenloser Softdrink

Dass Marken und ihre Produkte heutzutage, wegen des starken Konkurrenzdrucks, auf immer innovativere Namen zurückgreifen müssen, ist längst nichts Neues mehr. Wortkreation wie "Uggs, GeOx" oder "Wii" sind keine Seltenheit.

Einen Energy-Drink "*Relentless*" zu nennen, zeigt, dass heute, wo immer derartiges Gemisch konsumiert wird, mit harten Bandagen gekämpft wird. "*relentless*" heisst nämlich "erbarmungslos“.

Kindle – Feuer geben

Eingeführt, um dem strauchelnden Buchhandel endgültig den Todesstoß zu geben, ist das "*Kindle*" gerade dabei, selbst vom *I-Pad* überrannt zu werden. Harm set, harm get. (*wer anderen eine Grube gräbt….*).

Interessant ist, dass das Wort "*kindle*" (Aussprache 'kɪndl̩ wie in „Münchner Kindl“), eigentlich anzünden bedeutet.

to kindle sth. = etw.Akk. Anzünden

To Punch Above One´s Weight – Nummer zu groß

Eine weitere Redewendung aus dem Reich des Boxsportes ist Gegenstand dieses Kapitels.

Das Idiom "*to punch above one´s weight*", bedeutet soviel sich mit jemandem anzulegen, der eine Nummer zu groß für einen ist, bzw. eine Aufgabe anzugehen, der man nicht gewachsen ist.

Der Ausdruck hat seinen Ursprung in der Tatsache, dass beim Boxen die Wettbewerber in unterschiedliche Gewichtsklassen eingeteilt sind, um den Wettkampf gerechter zu machen. Deswegen ist jemand, der gegen einen Gegner einer höheren Gewichtsklasse antreten muss, praktisch chancenlos.

Manually – Hand drauf

Obwohl heutzutage sich alles immer mehr automatisiert, muss man immer noch von Zeit zu Zeit selbst Hand anlegen. Im Englischen bedeutet das für viele Deutsche Raum für Kreativität, die zwar bewundert und respektiert werden muss, aber englischen Muttersprachlern teilweise die Nackenhaare aufstellt: *handly*, *handy* usw. sind noch die weniger extravaganten Kreationen in diesem Zusammenhang.

Wenn Sie im Englischen selbst anpacken müssen, tun Sie es mit "*manually*", so wie in "*manual*" (=Handbuch, Sie wissen schon, was beiliegt, aber nie gelesen wird).

z.B.:

You will have to install this program *manually*.

Wire Idioms – guter Draht

Jeder weiß mittlerweile was Wireless Lan ist, jedoch sind sich vielleicht nicht alle ESL (English as a second language) Lernenden dessen bewusst, dass die Vokabel wire (=Draht) Grundlage für einige interessante idiomatische Redewendungen ist:

to be wired = *nervös sein*

to be hardwired to sth. = *auf etwas gepolt sein*

z.B. he is *hardwired to* making always the same mistake

down to the wire = *im letzten Moment*

haven one´s wires crossed = *verrückt sein*

to wire sth. = *etwas senden*

Body Shop – vollkommen körperlos

Das englische Wort "*body shop*" klingt eigentlich eher nach Massagesalon und St. Pauli, hat aber in Wirklichkeit keinerlei anrüchige Konnotation. Ein "*body shop*" ist in den USA und GB eine ganz schnöde "*Autospenglerei*"

Wiggle Room – Wackelkontakt

Dies ist ein Kapitel für alle, die es nicht so genau nehmen.

"*Wiggle room*" (to wiggle = wackeln) ist der Spielraum, der plus minus frei Nase bleibt, wenn Sie sich ein wenig Luft einräumen wollen.

z.B.:

The project has to be finished by Friday, or do we have any *wiggle room*.

Beetle Browed – ziemlich unsexy

Ein Ausdruck, der dem modernen, metrosexuellen Männern die epilierten Haare zu Berge stehen lässt. Der modebewusste Mann von heute lässt sich nämlich die Augenbrauen zupfen.

Der englische Ausdruck *beetle-browed* kann zweierlei bedeuten:

1.) buschige Augenbrauen à la Bundesfinanzminister a.D.

2.) düster dreinblickend

Beides Eigenschaften, auf die der moderne Mann von heute gut verzichten kann, oder?

Nonetheless, Still, Yet, However & Co. – Trotzreaktion

Wo die deutsche Sprache mit einem Wort auskommt, nämlich "*trotz*", fährt die englische gleich mindestens sieben Synonyme auf. Da bleibt einem als ESL (English as a second language) Learner, ob soviel Trotz, nichts anderes, als vor Ehrfurcht das Haupt zu verneigen.

She is rich, but stupid, filthy rich actually, *but* stupid nonetheless.

I love the English language, *however* I can't make head nor tails of it.

Ronnie is good looking, *still* he doesn't have a girl.

I have lived in Germany for ten years now, *yet* I can't even order a beer in German.

We have argued a lot, *nevertheless* I would like to add that this meeting was very fruitful.

Tim doesn't like Germany, *still* he loves German beer.

I have never talked to him, *but* I like him just the same.

Alle fettgedruckten Wörter bedeuten auf Deutsch *trotz*, bzw. *trotzdem*.

Queue vs. Cue

Die beiden Homonyme (gleichausgesprochene Begriffe mit unterschiedlicher Bedeutung) der Überschrift haben eigentlich kein großes Verwechslungspotential, lohnen aber vielleicht trotzdem einer kleine Betrachtung, weil einer davon Synonym für einen Nationalsport der Briten ist.

Queuing ist einen Eigenheit des Vereinigten Königreiches von Großbritannien und Nordirland, die den Liebhaber britischer Besonderheiten frohlocken, demjenigen der Yorkshire Pudding und dreieckigen Toastscheiben kritisch gegenübersteht, jedoch mit dem Kopf schütteln lässt.

“*Queue*” heißt nicht nur Billardkö, sondern “*to queue*” bedeutet Schlange stehen.

Sie können nämlich im Inselreich einen interkulturellen Tsunami auslösen, wenn Sie sich nicht ordentlich anstellen.

“*Cue*” ist das englische Äquivalent für das “*Stichwort*“, das beispielsweise einen Schauspieler hinter den Kulissen hervorholt, und auf der Bühne aktiv werden lässt.

“*on cue*” auf das Stichwort hin.

Spitballing – in den Wind spucken auf Englisch

Eine Redewendung, die ihren Usprung in dem amerikanischen Volkssport Baseball hat ist: “*to spitball*“. Der Ausdruck kommt von der Eigenart der Pitcher (Werfer) die Oberfläche des Balles zu modifizieren, um so dessen Flugbahn für den Mann am Abschlag unberechenbar zu machen. Ein beliebtes Material für die Manipulation des Spielgerätes war Spucke (*spit*).Es gab u.a. auch einen Lakritzball (licorice ball) oder ein Schlammball (mudball).

Heute ist “*spitballing*” Synonym für “*brainstorming*“, das spontane Äußern und Sammeln von Ideen ohne Wertung.

2.)England vs. Germany

Dieser Themenabschnitt behandelt Ausdrücke, Vokabeln und Begriffe, die, aufgrund von Ähnlichkeiten in Form, Aussprache oder Bedeutung, von Englisch lernenden Deutschen gerne, oft und nachhaltig verwechselt werden, wobei diese gegenübergestellt werden.

Wish vs. Wipe – Wischiwaschi

Ok, Leute. Eigentlich ist das Thema dieses Artikels unter Ihrem Niveau. Aber weil ein Kunde von mir heute im Unterricht gesagt hat: "*I had to wish the floor.*", der Vollständigkeit halber: das englische "*to wish*" bedeutet nicht "*wischen*", sondern "*wünschen*", im Sinne von "I *wish* you a merry Christmas".

Wer den Boden *wischen* will, muss sich mit "*wipe*" oder "*clean*" behelfen.

z.B. "Yesterday I had to *clean* the floor".

Voice Box vs. Voice Mail

Wer kennt nicht die Ansage "Sie sprechen mit der Mobilfunkbox von........". Im Englischen ist das die sogenannte "*voice mail*". Wenn jemand etwas von einer "*voice box*" erzählt, liegen Sie mit einem Aufzeichnungsgerät für entgangene Anrufe komplett verkehrt. Eine "*voice box*" ist der "Kehlkopf".

Interessant auch die englische Entsprechung des "*Gehörgangs*", nämlich "*ear canal*".

Place vs. Square

Für Deutsche, die Englisch als Fremdsprache lernen, bergen die zwei Begriffe der Überschrift hohes Verwechslungspotential in sich.

"*Place*" wird im als Synonym zu "*location*" verwendet und nicht kann nicht im Zusammenhang mit "*Platz*" im Sinne von "*Sendlinger Tor Platz*" gebraucht werden.

Der Platz als ebenerdige, räumliche Institution einer Ortschaft ist "*square*".

z.B.

Times Square, Trafalgar Square....

Ahmen Sie nicht die Guerilla-Übersetzung eines Benutzers des Münchener öffentlichen Nahverkehrs nach, der "*Heimeranplatz*" kurzerhand mit "*Home Run Place*" anglisierte. Auch die Kreation "*Boner Place*" für "*Bonner Platz*" ist nicht ohne. (boner = Erektion)

Living Room vs. Habitat

Oft möchte man meinen, dass der Mensch sich zwar aufgrund seiner technischen Errungenschaften sehr stark weiterentwickelt hat, dennoch kommt der Neandertaler in uns immer noch oft genug zum Vorschein. Wer dies bezweifelt, soll sich mal in die Fankurve eines Fußballvereines stellen, oder am Samstag in die Fußgängerzone gehen.

Grund genug zwei Begriffe zu unterscheiden, die in diesem Zusammenhang hohes Verwechslungspotential haben:

“*Living room*” ist nicht wie eine wörtliche Übersetzung vermuten ließe, der “*Lebensraum*“, dieser heißt nämlich im Englischen “*habitat*“. (Latein= habitare, wohnen).”*Living room*” ist das Wohnzimmer. (der Lebensraum des Zivilisationsmenschen)

z.B.

Dad is in the *living room*, he is watching TV.

The natural *habitat* of the lion is Africa.

Meaning vs. Opinion

Eine weiterer Hemmschuh im rasanten Vorwärtsdrang Englisch lernender Deutscher ist das Verwechseln von “*meaning*” bzw. “*opinion*“.

Zwar bedeutet “*to mean*” als Verb, so etwas wie meinen, wird aber meist nur einleitend gebraucht, um einen meinungsbildenden Satz anzuführen.

“*Meaning*” heißt jedoch etwas ganz anderes, nämlich “*Bedeutung*“. Die deutsche “*Meinung*” hingegen, hat ihr englisches Äquivalent in “*opinion*“. Alles klar?

z.B.

I *mean*, it can´t be true that English teachers are paid so little.

In my *opinion* English is the most important language of this world.

The *meaning* of “rose” in German is “Rose”.

Excel vs. Axle

Das Tabellenkalkulationsprogramm von Microsoft mit Namen "*Excel*" ist aus keinem Büro mehr wegzudenken. Schade nur, dass die meisten Deutschen es falsch aussprechen.

Die korrekte englische Aussprache ist ɪkˈsel (Betonung auf der zweiten Silbe) und hat als Verb die Bedeutung "*sich auszeichnen*".

He *excels* at mathematics. (=Er ist besonders gut in Mathe.)

Die Art und Weise, wie das Wort von den meisten Deutschen ausgesprochen wird, ist gleichbedeutend mit dem englischen Wort "*axle*"ˈæksl (= Achse), oder dem Vornamen "*Axel*" wie zum Beispiel in Axel Foley (alias Eddie Murphy alias "Beverly Hills Cop")

Shop Assistant vs. Shop Steward

Die Bedeutung des englischen Wortes "*shop*" geht über die schnöden Umschlagplatz von Konsumgütern hinaus, und kann z.B. auch Werkstatt bzw. Produktionsstätte bedeuten.

So ist ein typisch deutscher Fehler den "*shop assistant*", den "*Verkäufer*", mit dem Schrecken aller Arbeitgeber zu verwechseln, dem "*shop steward*"(=Betriebsrat)

Face vs. Phase

Nord-, und Süddeutsche (Bayern) sprechen den Buchstaben *-S* unterschiedlich aus.

Währen Norddeutsche melodiös summen, zischen Süddeutsche eher. Dies kann u.a. bei den beiden Begriffen der Überschrift zu Missverständnissen führen. Das -C in *face* (feɪs) wird wie ein gezischtes *-S* ausgesprochen, währen das *-S* in *phase* (feɪz) gesummt wird.

Ein weiteres Problem, besonders für Süddeutsche, ist das rollende -R, das im Englischen nur in Dialekten existiert (Schottland, Irland, Texas z.B.)

Rate vs. Installment – rate mal

Auf Pump Kaufen, ist durch die Finanzkrise selbst in der Hochburg des Ratenkaufs in Verruf geraten.

Auch stolze US Amerikaner sehen keine Schmach mehr darin, wenn ihr SUV auf dem Parkplatz eines Discounters gesehen wird und auch Preise zu vergleichen, hat den amerikanischen Alltag eingeholt.

Für Deutsche hat der Ratenkauf auf Englisch eine besondere Tücke, „*rate*" bedeutet zwar „*Rate*" aber nur im statistischen Zusammenhang.

z.B. The *rate* of citizens with German origin in this neighborhood is 30 %.

Die *Rate* die man abstottert heißt „*installment*".

z.B. There is only one *installment* missing then the house will be mine.

Pastime vs. Past Tense

Für viele Englisch als Fremdsprache Lernende entpuppen sich gerade die verschiedenen grammatikalischen Zeiten als echtes Problem auf dem Weg zum idiomatischen, fließenden Englisch.

Wäre dies nicht schon genug, erschwert die englische Grammatikterminologie diesen Sachverhalt zusätzlich.

Grammatikalische Zeiten sind im Englischen keine "*times*" sondern "*tenses*". Besonderes verwechslungsträchtig ist der englische Begriff für „Zeitvertreib, Freizeitgestaltung“, nämlich "*pastime*", der gerne in diesem Zusammenhang vertauscht wird, also nicht Vergangenheit (Präteritum in der Sprache der Grammatikfreaks) heißt.

Aber bitte nehmen Sie die englische Grammatik nicht zu ernst und denken Sie daran, dass die meisten Menschen in ihrer Muttersprache grammatikalisch nicht korrekt reden, aber wenn es darum geht eine Fremdsprache zu lernen, hart mit sich selber und besonders mit anderen ins Gericht gehen.

Think vs. Thinking – Denken Sie mit

Einige Verben erhalten im Präsens, je nachdem, in welcher Zeitform sie verwendet werden, eine andere Bedeutung.

Eines davon ist "*to think*". "*To Think*", verwendet im *Simple Present*, bedeutet denken im Sinne eine Meinungsäußerung:

z.B. I *think* "David Copperfield" ist a great book.

Wird "*think*" in der *Verlaufsform* (-ing Form) verwendet, bedeutet es denken im Sinne von nachdenken, bzw. grübeln.

z.B. *I am thinking* about moving to England.

Remind vs. Remember

Nicht nur Elefanten vergessen nichts, auch das menschliche Gehirn hat unendliche Speicherkapazität, wenn auch ungeordnet und nicht jederzeit abrufbar.

Deswegen ist es wahrscheinlich auch nicht verwunderlich, dass die englische Sprache zwischen aktivem und passivem Erinnern unterscheidet.

"*To remember*", bedeutet sich an etwas zu erinnern, was man in seinen grauen Zellen abgespeichert hat.

"*To remind*", will heißen, jemanden an etwas erinnern, wie zum Beispiel sein Zimmer aufzuräumen, der Kontext ist hier nicht immer positiv.

z.B.

I can´t *remember* reading anything as funny as "The great Gatsby" in ages.

I would like to *remind* you to read "The Times" daily.

Tomcat vs. Hangover – Kater unter sich

Je nachdem welchen Lebensstil man pflegt verbindet jeder einzelne eine unterschiedliche Vorstellung mit dem deutschen Wort "*Kater*". Der "*Kater*", den man hat, nachdem man am Vorabend ein wenig zu tief ins Glas geschaut hat, heißt auf Englisch "*hangover*". Der Kater in seiner Funktion als männliche Katze, der in seiner entmannten Form, in Äußerem und dem Temperament nach, sich einem Sofakissen angleicht, hat ihr anglophones Synonym in "*tomcat*".

For vs. Ago

Ein weiterer Lieblingsfehler der Deutschen ist „*for*“ mit „*ago*“ zu verwechseln, was wohl mit dem Gleichklang des deutschen “*vor*” mit dem englischen “*for*” zu tun hat.

Demzufolge heißt “*vor zehn Minuten*” nicht “*for ten minutes*“, weil “*for ten minutes*“, ” *zehn Minuten lang*” oder “*seit zehn Minuten*” bedeutet.

“*vor zehn Minuten, Jahren, Monaten, Tagen*“ heißt: “ *ten minutes, years months, days ago*“.

Manche meinen es besonders gut und sagen: “*for ten minutes ago*“, der gute Wille zählt zwar fürs Werk, trotzdem am Besten gleich wieder vergessen !!

What vs. Which

Ein kleiner aber feiner Unterschied stellt einen ständigen Stolperstein für viele Deutsche auf dem Weg zum perfekten Englisch dar. Wann frage ich mit “*what*“, und wann mit “*which*“?

“*What*” wird immer dann benutzt, wenn man über die Beschaffenheit einer Sache Auskunft erhalten will.

Wenn Sie z.B. Ihre Freundin nach Ihrem Liebsten fragen und Sie antwortet:

What boyfriend?

Dann impliziert das, dass sie gar keine bessere Hälfte hat.

Ist die Anwort jedoch:

Which boyfriend?

Bedeutet das, dass sie gleich mehrere davon hat, und Sie doch bitte schön Ihre Auswahl genauer spezifizieren mögen.

"*Which*" wird also immer dann benutzt, wenn man die nach einer Sache fragt, bei der mehrere Optionen zur Auswahl stehen.

Foul vs. Fowl – stinkendes Huhn

Zwei Homonyme können für Verwirrung sorgen im interkulturellen Miteinander. Wahrscheinlich jeder, Englisch als Fremdsprache Lernende, kennt das Wort "*foul*", was zum einen stinkend heißen kann, zum anderen eine Regelwidrigkeit beim Sport bezeichnet. Letzterer Begriff ist vom Fußball her so geläufig, dass er als Lehnwort mittlerweile eingedeutscht ist.

Weniger bekannt ist das Homonym von "*foul*", nämlich "*fowl*", was das englische Äquivalent für den deutschen Oberbegriff für Hühner darstellt, nämlich "*Geflügel*".

Buckle vs. Buckel

Ein weiterer falscher Freund (aufgrund der Ähnlichkeit in beiden Sprachen leicht verwechselbarer Ausdruck) betrifft ein Kleidungsaccessoire, das besonders in den harten Zeiten der Finanzkrise wichtig ist, um den Gürtel enger zu schnallen, nämlich dessen Schnalle. Merke: (Englisch Gürtelschnalle = *buckle*). Der deutsche Buckel hat damit natürlich nicht das Entfernteste zu tun und heißt auf Englisch „*hunch*". (The Hunchback of Notre Dame = der Glöckner von Notre Dame)

Language vs. Speech

Sprache ist ein wichtiges Instrument. Wer sich ihrer gewinnbringend bedienen kann, hat einen mächtigen Verbündeten, wer nicht, oder in ihr nur dilettiert, hat ein Problem oder muss in IT arbeiten. Grund genug, dass die englische Sprache in diesem Zusammenhang zwischen zwei grundlegenden Begriffen unterscheidet, wo sich die deutsche mit einem zufrieden gibt.

language und *speech*

"*Speech*" ist Sprache im Bezug auf der ihr zugrundeliegenden Hardware (Stimmbänder usw.).

z.B. He lost his "*speech*". (er hat seine Sprache verloren)

Weiterhin kann "*speech*" auch die "*Rede*" heißen. (z.B. The King´s Speech)

"*Language*" hingegen, bezeichnet Sprache in ihrer linguistischen Funktion, auf Deutsch, was diese von anderen Sprachen in ihren Eigenarten unterscheidet.

z.B.

Chinese is a much more beautiful language than English, if only it weren´t so difficult.

Anthem vs. Hymn

Wer liebt nicht auch diese ergreifenden Momente, wenn Fußballspieler vor dem Anpfiff mit der Hand auf dem Herzen und einer Träne im Auge Lippenpantomimik betreiben und so tun, als wüssten sie den Text ihrer Nationalhymne.

Interessant vielleicht zu wissen, dass im Englischen "*hymn*" nicht Nationalhymne bedeutet, sondern eher religiöser *Hymnus* a la Gregorianische Choräle.

Nationalhymne heißt "*national anthem*", einen Umstand, den sich das Popsternchen Lana del Rey zu Nutzen gemacht hat, um einen ihrer Songs in aller Bescheidenheit "*I am your national anthem*" zu nennen.

Cloud 9 vs. Wolke 7

Typisch englische Sprache, anstatt sich an die deutsche Wolke 7 anzupassen, muss die sich die englische Sprache natürlich eine andere Hausnummer aussuchen, nämlich 9.

Der Ausdruck "*cloud 9*" kommt von einer Radio Show aus den 50ern, in welcher der Protagonist, wenn er bewusstlos geschlagen wurde, auf "*cloud 9*" transportiert wurde.

Der deutsche Ausdruck *Wolke 7* stammt übrigens von der Denkweise des Mittelalters, nach der der Himmel in sieben Sphären unterteilt war, wovon die siebte das Reich der Phantasie und Freude war.

Will vs. Want

Wieder einmal begegnen wir einem falschen Freund, einem Wort also, dass wegen seiner sprachgeschichtliche Verwandtschaft mit dem deutschen Original, zwar ähnlich klingt, aber über die Jahre einen entscheidenden Bedeutungsunterschied erfahren hat:

"*Will*" heißt im Englischen nur in Ausnahmefällen "*wollen*", und wird in 99% aller Fälle nur als Hilfsverb benutzt, um das Futur anzuzeigen.

I *will* go to the *kitchen*. = Ich werde in die Küche gehen. (nicht: ich will ins Gefängnis gehen; *kitchen* = Küche nicht: Kittchen)

Um das deutsche "*wollen*" auszudrücken, verwenden Sie bitte das englische "*want*".

I *want* to go to the kitchen.

Im poetischen oder antiquierten Englisch, oder auch in Wortspielen, wird will oft noch in seiner ursprünglichen Bedeutung verwendet :

If she won´t, I will find someone who *will*.

Will kann hier die Bedeutung des Hilfsverbs des Futur annehmen, bzw. auch den Willen ausdrücken.

Interested vs. Interesting

Gerne und oft verwechseln Englisch lernende Germanen die Wörter "*interested*" und "*interesting*". Eigentlich schwer einzusehen warum, weil doch "*interested*" "*interessiert*" heißt", und "*interesting*" "interessant". Alles klar?

z.B.

I am very *interested* in reading "Mickey Mouse" (interessiert)

"The Mickey Mouse Channel" is a very *interesting* site.(interessant)

Bored vs. Boring

So wie schon bei *interested vs interesting*, macht auch bei *bored vs. boring* die Verwendung der entsprechenden Endung einen großen Bedeutungsunterschied, der oft und gerne übersehen wird:

bored = gelangweilt; *boring* = langweilig

z.B.

I am never *bored* when I read "Mickey Mouse".

I don´t think Mary is *boring*.

Genie vs. Genius – Genie aus der Flasche

Viele halten sich für Geistreich, wenige sind es wirklich. Die Zahl selbsternannter Genies ist groß, weswegen besonders im Englischen Vorsicht geboten ist. Das Englische Wort "*genie*" (Aussprache "Jeannie" wie das Lied von Falco) hat mit dem deutschen "*Genie*" sehr wenig an der hochbegabten Mütze, sondern ist ein "*Flaschengeist*". So würde man manchem wünschen, dass unter seinen drei Wünschen etwas mehr Geist sei.

Das deutsche "Genie" ist der englische "*genius*".

Stall vs. Stable

Nun gehts aufs Land, wo wieder ein sehr beliebter falscher Freund lauert nämlich "*stable*" bzw. "*stall*".

Der deutsche "*Stall*" heißt auf Englisch "*stable*", und der englische "*stall*" ist eine "*Schaubude*" oder eine "*Duschkabine*".

Als Verb bedeutet "*to stall*" "*anhalten, bzw. abdrosseln*".

z.B. A *stalled vehicle* = ein liegengebliebens Fahrzeug.

Labor vs. Laboratory

Die beiden Begriffe der Überschrift werden gerne und oft verwechselt, weswegen sich vielleicht ein bis zwei Worte erklärend hierzu lohnen.

Das deutsche "*Labor*" hat seine englische Entsprechung in "*laboratory*" kurz "*lab*", während "*labor*" auf Englisch "*Arbeit*" bedeutet, und zwar eher in seiner Form als Idee oder Entität wie zum Beispiel in *"Labour Party*" (im britischen Englisch wird *labor* natürlich *labour* geschrieben) oder in "*labor law*".

Die Arbeit in ihrem eher praxisbezogenen Kontext heißt natürlich "*work*".

Naval vs. Navel – Nabelschau

Dass die Briten noch immer ein bisschen ihrer Zeit als Hegemonialmacht hinterhertrauern, erkennt man an deren teilweise etwas übersteigertem Traditionsbewusstsein, das sich zum Beispiel im Prunk und Protz des Königshauses manifestiert.

Der einer wichtigsten Bestandteile des britischen "Empires" war die Royal Navy, weswegen viele Redewendungen der Umgangssprache aus diesem Bereich stammen.

Ein Problem stellen in diesem Zusammenhang die Homonyme"naval"ˈ(neɪv(ə)l) Eigenschaftwort von "navy", und "navel" (= Bauchnabel) dar.

Wenn Sie also "navel forces" schreiben, dann meinen Sie nicht Seestreitkräfte, sondern "Bauchnabelkräfte".

Capital vs. Chapter

Zwei *"falsche Freunde*"(missverständliche, weil in beiden Sprachen ähnlich klingende Begriffe) die immer wieder für Verwirrung sorgen:

Diesmal steht das Wort "*capital*" im Fokus, was natürlich, Sie ahnen es schon, nicht "*Kapitel*" heißt. Das englische Wort hierfür ist "*chapter*". "*Capital*" ist die u.a. die englische Entsprechung für die deutsche "*Hauptstadt*", oder bedeutet auch „*Großbuchstabe*".

Bench vs. Bank

Wieder mal falsche Freunde Alarm. Ein weiterer Klassiker dieser Kategorie ist "*bank*".

"*Bank*" ist im Englischen nur die Institution, die mit Geldern hantiert, die ihr nicht gehören, während die Bank, auf der man sitzt "*bench*" heißt.

z.B.

Nobody sat on the substitutes' *bench* as elegantly as I did. (Niemand saß so elegant auf der Ersatzbank wie ich)

Vorsicht: Ein "*bank holiday*" ist im Vereinigten Königreich von Großbritannien und Nordirland kein "*Bankenurlaub*", sondern ein gesetzlicher Feiertag.

Hibernia vs. To Hibernate

Der Herbst kündigt sich an, und manch einer schaltet schon jetzt den Stoffwechsel auf Sparflamme, um gut durch die Wintermonate zu kommen.

Wenn Sie auf Englisch gut überwintern wollen, tun Sie das mit "*to hibernate* = Winterschlaf halten". Auch der Standby Modus bei Computern, wird manchmal "*hibernate mode*" genannt.

Wer jetzt denkt, dass "*Hibernia*" eine Nation im Winterschlaf ist, täuscht sich. "*Hibernia*"ist der lateinische Name für Irland und wird gerne benutzt, wenn man auf die grüne Insel besonders poetisch Bezug nehmen will.

Map vs. Card – von Mappen, Land-, und Kreditkarten

Weitere ewige Top-Scorer in der falschen Freunde Liga sind *map* bzw. *card.*

Map heißt Landkarte und nicht Mappe, was auf Englisch *folder* bedeutet.

Card wird in diesem Zusammenhang für alles verwendet, was klein, rechteckig und bedruckt ist.

playing card = Spielkarte

credit card = Kreditkarte

business card = Visistenkarte

Personal vs. Personnel – es persönlich nehmen

Es nicht persönlich zu nehmen ist nicht immer einfach, besonders auf Englisch. Wenn es persönlich wird, verwendet man im Englischen *"personal"*.

z.B. Don´t take it *personally.* oder It is a personal descision.

"*Personnel*" wir im Bezug auf die Belegschaft eines Unternehmens benützt. Synonym wäre in diesem Zusammenhang das Saxonate "*staff*", was häufiger gebraucht wird.

z.B. We need new personnel for our catering staff.

Football vs. Soccer – oval und rund

Auch wenn es manchen unverständlich scheint, verwandeln sich auch normal intelligente Menschen in vom Reptilienhirn kontrollierte Halbaffen, sobald die Sportschautitelmelodie ertönt.

Manch einer wiederum, dem man eigentlich keine besonderen Geistesleistungen zutraut, verwandelt sich gehirnmäßig in einen Schachweltmeister, wenn es sich um Fußballtrivia handelt.

Fußball ist besonders in GB ein beliebtes Small-Talk Thema, weswegen es vielleicht Sinn macht, ein bis zwei Dinge zu diesem Thema zu sagen.

Ein interkulturelles Problem zwischen US Amerikanern und Briten ist die Bezeichnung jenes ritualisierten Aggressionsabbaus rund um einen Lederball. Während in den USA *football* eine, an eine offene Feldschlacht erinnernde,

Keilerei um einen eiförmigen Lederball ist (kann ein Ball eiförmig sein?) , ist im Mutterland des Fußball, *football*, (mit einem runden Ball) die Bezeichnung für jene Sportart, die jedes Wochenende Millionen von Männern, und mittlerweile auch Frauen, europaweit in eine Art Trancezustand versetzt, nämlich Fußball.

Problematisch ist, dass speziell die Briten es nicht gerne hören, oder es sogar als Affront betrachten, wenn man ihre heilige Kuh unter den Sportarten als "*soccer*" bezeichnet. Ein Begriff, der in den USA einführt wurde, um zwischen diesen beiden Sportarten besser unterscheiden zu können.

Unverständlich warum die Inselbewohner diesen Sport so ernst nehmen, wo sie noch nicht einmal besonders gut darin sind. (Letzter internationaler Erfolg *1966)*

Spanner vs. Wrench

Das britische Wort für "*Schraubenschlüssel*" ist "*spanner*", während die Amerikaner in diesem Zusammenhang das Wort "**wrench**" benutzen.

Natürlich ist hier falsche Freunde Alarm Rot angesagt, weil der deutsche "*Spanner*" im englischen ein ganz anderes Äquivalent hat, nämlich "*peeping Tom*".

Ein englisches Idiom, das dem deutschen "*jemandem die Tour vermasslen*" entspricht, wäre im Englischen "*to throw somebody a spanner in the works*".

Physicist vs. Physician

Die Physik ist die Lehrer der Körper und der Begriff hat seinen Ursprung in dem griechischen Wort Physis (φύσις). Im Englischen ist in diesem Zusammenhang Vorsicht geboten, denn der deutsche Physiker ist der englische "*physicist*" und ein "*physician*" ist ein Arzt.

Male vs. Meal – mannstoll

Auf den ersten Blick scheinen die beiden Vokabeln nicht so verwechslungsträchtig, als dass sie eines Artikels bedürften. Dennoch hat einer meiner weiblichen Kunden neulich im Unterricht gesagt:

I need three hot *males* a day. (wobei sie natürlich "*meals*" gemeint hat)

male = Mann, männlich (Aussprache wie "e-mail" ohne e)

meal = Mahlzeit (Aussprache: wie Miele ohne e)

Paragraph vs. Section – Paragraphenreiter

Manch einer nimmts genau, wieder ein anderer noch genauer. Wenn es ums Recht geht, liegt der Teufel im Detail, auch im Englischen. Im juristischen Englisch ist ein "*paragraph*" der deutsche Absatz, während der deutsche Paragraph die englische "*section*" ist.

Alles klar? (Paragraph = *section*; *paragraph* = Absatz)

Play Hooky vs. Play Hockey

Zum Glück sind Ferien, und Bayerns Schüler müssen nicht lautstark Hitzefrei einfordern, oder noch schlimmer, gar die Schule schwänzen.

Im US amerikanischen Englisch heißt Schule schwänzen "*to play hooky*", was nicht mit "*to play hockey*" zu verwechseln ist, was wiederum das Problem in sich birgt, dass in den USA "*hockey*" das deutsche "*Eishockey*" und nicht "*Feldhockey*" meint, was im Vergleich zu diesem ritualisierten Gemetzel auf Kufen, wohl einen, für das Heimatland der Cowboys, zu hohen Warmduscherfaktor aufweist, um richtig populär zu sein. Außerdem hat ein Eishockeyspiel zwei Drittelpausen, anstatt nur einer Halbzeit, so dass man mehr Werbung zeigen kann.

Für alle die mit Sport nichts zu tun haben und lieber die Schule schwänzen "t*o play truant*" , wäre ein weiterer Ausdruck für diese Unsitte.

Chef vs. Chief – von Häuptlingen und Köchen

Wer beim *Scheffe* antreten muss sorgt besser dafür, dass die Anrede sitzt, sonst weht vielleicht sehr bald ein eiskalter Wind durch den Arbeitsvertrag.

Im Englischen ist hier besondere Vorsicht geboten, weil akuter falscher Freunde Alarm besteht.

Der englische "*chef*" ist nicht der, der sagt wo es lang geht, sondern schlicht ein "*Koch*".

Zwar ist der "*chief*" hierarchisch ziemlich weit oben, aber leider nur auf Stammesebene.

Merke: "*chief*" = *Indianerhäuptling* (Abkürzung für chieftain)

Wenn Sie ihrem "*Chef*" auf Englisch klarmachen wollen, dass er ganz oben in der Nahrungskette steht, tun Sie das am Besten mit der Anrede "*boss*".

Big vs. Tall – frag nach bei Kati

Die ehemalige Eisprinzessin *Katherina Witt* hat in einer britischen Fernsehshow mit einem typisch deutschen Fehler für einen Eklat gesorgt.

Wenn Sie eine große Frau im Englischen als "*big*" bezeichnen, haben Sie ein Problem, weil dies nicht nur Größe impliziert, sondern auch Körperfülle.

Eine große Frau ist "*tall*".

Late vs. Lately – besser spät als neulich

Die englische Sprache ist reich an Ausnahmen. Davon bleiben natürlich auch die Adverbien nicht verschont. Ein Fall, der eine kleine Betrachtung lohnt ist *late*, bzw. *lately*.

Das Adverb von *late* bleibt unverändert *late*:

z.B. Our teacher came *late*.

Würde das Adverb in diesem Fall regelmäßig gebildet werden, so müsste es "*lately*" heißen. Aber die Englische Sprache möchte es Ihnen natürlich auch nicht zu einfach machen, weswegen "*lately*" "in letzter Zeit, bzw. neulich" heißt.

z.B.

Lately, our teacher has often been late. (= in letzter Zeit ist unser Lehrer oft zu spät gekommen)

Stock Up vs. Stuck Up – arrogante Lagerhaltung

Ein Buchstabe, eine große Wirkung. Wenn Sie beim englischen Ausdruck für Einlagern "*stock up*" in der Aussprache oder Schreibung etwas ungenau sind, ist Fettnäpfchenalarm Rot angesagt.

stock up = einlagern; *stuck up* = arrogant

z.B.

We have to *stock up* on pencils. = Wir müssen Bleistifte einlagern.

Our new boss is a *stuck up* idiot. = Unser neuer Boss ist ein arroganter Idiot.

Poland vs. Pollen

Ein falscher Freund der besonderen Art ist das englische Wort "*pollen*"(ˈpä-lən), was zwar genau das Gleiche bedeutet wie die deutschen "*Pollen*", die im Frühling so manche Nase zum Laufen bringen, aber von der Aussprache eher dem deutschen "*Polen*" gleicht, diesem jungen, hoffungsträchtigen Neu-EU-Mitgliedstaat.

Dieses Land heißt auf Englisch wiederum "*Poland*".

Hardly vs. Hard

Das Adverb ist für viele ESL (English as a second language) Lernende ein Problem. Im Regelfall wird an einfach das Suffix *-ly* an das Eigenschaftswort angehängt.

Aber Englisch wäre nicht Englisch, wenn es nicht ein paar Ausnahmen gäbe. In diesem Zusammenhang ist das Adverb von "*hard*" besonders interessant:

Wird das Adjektiv "*hard*" als Adverb benutzt, bleibt es unverändert.

z.B: Mike Tyson hits *hard.*

"*Hardly*" ist auch ein Adverb, hat aber mit seiner ursprünglichen Bedeutung nichts zu tun, weil es nämlich "*kaum*" heißt.

I *hardly* see him anymore. (Ich sehe ihn kaum noch.)

Macintosh vs. Mackintosh

Für alle Applianer unter den Lesern ist es vielleicht interessant zu wissen ist , dass ein "*mackintosh*" im Englischen, mit k nach dem c, kein hippes Lifetstyleprodukt ist, sondern ein schnöder Regenmantel, vielleicht wird der aber auch mal wieder hip.

Marriage vs. Wedding

Wie der Name Hochzeit andeutet, handelt es bei diesem Tag, besonders für Frauen, oft um den vermeintlichen Höhepunkt ihres Lebens. Dementsprechend ernsthaft wird dieser Tag geplant und gefeiert.

Deswegen macht es vielleicht Sinn zwei Begriffe im Englischen zu klären, die von Lernenden immer wieder gerne verwechselt werden:

"*Marriage*" ist die gesellschaftliche Institution der Ehe als solche, während sich "*wedding*" nur auf die Feierlichkeiten am Hochzeitstag bezieht.

Lucky vs. Happy – Glück oder glücklich

Oft bereitet ESL (English as a second language) Lernenden der Unterschied zwischen *lucky* und *happy* Schwierigkeiten.

Lucky bedeutet Glück im Bezug auf günstige Umstände z.B. Losglück, Glück im Spiel usw…

Happy bedeutet seelisches Glück im Sinne von Zufriedenheit und innerer Ruhe.

z.B.

I am so *happy* with my new boyfriend.

He is always so *lucky* with women.

Crèche vs. Crash

Die englische Sprache ist in erster Linie. ein Hybrid aus Deutsch und Französisch. Viele Wörter sind angliziert worden (z.B. *boeuff= beef*, oder *flesh = Fleisch*), andere sind in ihrer Grundform erhalten geblieben (*entrepreneur = Unternehmer, angst = Angst*)

Besonders tückisch ist das Wort *crèche* (kreʃ) (=Kinderkrippe), weil es in seiner Aussprache dem Wort *crash* (kræʃ) sehr ähnelt.

Das Synonym mit deutschem Ursprung (Krippe) für *crèche*, nämlich "*crib*", ist hingegen angliziert.

German vs. Chairman

Nicht nur orthographische Feinheiten machen den Unterschied, sondern auch eine genaue Aussprache ist im Englischen besonders wichtig. Die beiden Begriffe der Überschrift können leicht verwechselt werden, was der nachstehende Witz veranschaulichen soll:

When entering a meeting room with a German delegation in session, an Englischman asks, "*who´s the chairman*?" The Germans answer, "*We are all Germans.*"

Hoser vs. Hoosier

Ein kleiner Unterschied, eine große Wirkung. Diesmal im Bezug auf zwei lokalpatriotische Spitznamen.

Ein "*Hoosier*" ist die Bezeichnung für einen Einwohner des US Bundesstaates Indiana. Der Ausdruck stammt von der Veräppelung der dort üblichen, verschliffenen Antwort auf ein Türanklopfen "*Who´s there?*". Eine andere Anekdote meint, dass der Ursprung dieser Bezeichnung von dem Zitat eines ortsansässigen Generals stammt, der nach einer Schlacht ein Ohr aufhob und fragte: "*Whose ear?*"

Ein "*Hoser*" ist ein *Kanadier*, der Ausdruck stammt von dem Brauch, der das verlierende Team eines Eishockeyspiels verpflichtete, die Eisfläche mit Wasser abzuspritzen. (*to hose* = abspritzen, gießen)

weitere Spitznamen für lokale Originale:

Cockney = Londoner; *Brummie* = Birminghamer

Knickerbocker = New Yorker; *Paddy* = Ire

Make Out vs. Make Off

Nur durch das Verändern der nachgestellten Präposition, tun sich bei den beiden Ausdrücken der Überschrift, Bedeutungsunterschiede von der Größe des Mariannengrabens auf, obwohl diese doch irgendwie zusammenzuhängen scheinen:

make out = knutschen

make off = sich davonmachen (mit dem Geld zum Beispiel)

z.B. *After making out she made of with all his money.*

Wrath vs. Wreath

Nur ein Buchstabe macht einen entscheidenden Unterschied.

Wrath (rǣθ; especially Brit: raθ) bedeutet Zorn, während *wreath* (ri:θ) auf Englisch (besonders wichtig zur Weihnachtszeit) Kranz meint.

Weiteres Weihnachtsvokabular:

tinsel = Lametta

mulled wine = Glühwein

turkey= Truthahn

Series vs. Cereal – kernige Serie

Fernsehserien sind sehr beliebt, wo es früher nur Lindenstraße gab, herrscht jetzt ein gewaltiges Überangebot an Unterhaltung, die keine lästige Einbindung der Gehirnzellen verlangt.

Der englische Begriff "*series*", für TV-Serie, wird von Englisch lernenden Deutschen oft mit "*cereal*" verwechselt. Obwohl die Aussprache sehr ähnlich ist, ist der Fettnapf riesengroß, weil ein"*cereal*" nämlich ein "*Müsli*" ist.

Fast Asleep vs. Wide Awake

Nicht alle Englisch als Fremdsprache Lernenden wissen wahrscheinlich, dass einschlafen auf Englisch nicht "*sleep in*" bedeutet, sondern "*to fall asleep*"

Weiterhin bleibt zu diesem Thema anzumerken, dass "*tief schlafend*" "*fast asleep*" (fast = fest, und in diesem Zusammenhang nicht schnell) und "*hellwach*" "*wide awake*" entspricht.

Im Englischen schläft man auch nicht wie ein Murmeltier, sondern:

He slept like a *log* (Baumstamm) oder *rock* (Felsen)

3.) Idioms

Hier geht es um idiomatische Redewendungen, metaphorische Ausdrücke also, die in ihrer wörtlichen Übersetzung keinen Sinn ergeben und übertragen interpretiert werden müssen.

Rub Idioms – Reibereien

Im Deutschen reibt man sich die Hände, oder holt sich eine Abreibung. Auch im Englischen sind Redewendungen mit „*reiben*“ sehr populär.

Wenn Sie wirklich pleite sind, dann haben Sie keine „*two cents to rub together*“. Von Leuten, die mir Prominenten auf Tuchfühlung sind, sagt man: „*he/she rubs shoulders/elbows with……..*“

Wenn Ihr Chef Ihnen etwas „aufs Brot schmiert“, dann sagt man in England /USA „*to rub it in*“.

z.B. “My boss gave me this advice only *to rub it in*.”

Im Englischen geht Ihnen etwas nicht gegen den Strich, sondern „*rubs the the wrong way*“, und abfärben sagt man mit „*to rub off*“.

z.B. „Don´t meet these people, their bad behavior might *rub off*.“

Beer Idioms – jetzt wirds interessant

Viele Leser werden sich wohl gefragt haben, wann in diesem Buch die wirklich wichtigen Dinge des Lebens thematisiert werden. Falls Sie sich auch darunter befunden haben, kann ich Sie beruhigen, dieser Abschnitt behandelt einen wirklich fundamentalen Aspekt unseres Lebens nämlich: *Bier.*

Da *Bier* auch im angloamerikanischen Alltag eine nicht unwesentliche Rolle spielt, ist es nicht weiter verwunderlich, dass dieses goldgelbe homöopathische Psychopharmakum Gegenstand einiger Ausdrücke der englischen Umgangssprache geworden ist:

to be small beer = kleine Fische sein

z.B.: In comparison to BMW they´re only small beer.

to be beer and skittles = Friede Freude Eierkuchen sein (skittles = Kegel)

z.B.: Life isn´t all beer and skittles nowadays.

to cry in one´s beer = sich selbst bemitleiden

Von Kühen und Eseln in den Zeiten des Börsencrashes

Wie auch in anderen idiomatischen Redewendungen, wird deutlich, dass verschiedene Länder verschiedene Tiere bevorzugen, um ein-, und denselben Sachverhalt auszudrücken.

So ist der deutsche *Goldesel* die englische *cash cow.*

Bei der derzeitigen Inflationsangst liegt die deutsche Variante wohl klar vorne.

Leg Idioms – Beinereien

So wie man sich auch im Deutschen kein Bein ausreißt, oder Stein und Bein schwört, darf dieses wichtige Körperteil in englischen Redewendungen natürlich nicht fehlen.

Für alle Freunde des Fußball: das sogenannte "*first leg*" hat nicht mit dem ersten Bein zu tun, sondern bezeichnet das Hinspiel.

"*to give somebody a leg up*" bedeutet, jemandem Unterstützung zu geben, besonders, wenn er sich in der Anfangsphase einer Unternehmung noch etwas schwertut.

"*to pull a leg*" heißt jemanden veräppeln.

Ähnlich wie im Deutschen "*Hals-, und Beinbruch*", kein Fluch, sondern ein Segen ist, sagt man auf Englisch "*break a leg*", wenn man jemandem gutes Gelingen wünscht.

Wenn Sie sich in einer neuen Situation erst zurecht finden müssen, können Sie das ausdrücken, indem Sie sagen:

"*I have to get my sea legs first*".

Stick Idioms – lass stecken

Ein Stock ist ein symbolträchtiger Gegenstand und als Urmutter aller Schlagwaffen zur Metapher für Macht geworden. Über jemanden den Stab zu brechen ist ein jedem geläufiges Idiom im Deutschen.

Auch im Englischen ist das Wort "*stick*" Gegenstand vieler umgangssprachlicher Redewendungen.

"*A stick in the mud*" ist ein in seinen Bahnen festgefahrener Mensch.

z.B. He is always doing the same old thing, he is just a *stick in the mud*.

"*Let a cobbler stick to his last*" = Schuster bleib bei deinen Leisten

z.B. Let Gary just do his work, *let a cobbler stick to his last*, and don´t give unsolicited advice.

" *stick man*" = Polizist

Btw. das englische Wort "*stock*" heißt auf Deutsch, "*Lagerbestände*"oder "*Aktien*", "*livestock*" ist kein lebender Stock, sondern "*landwirtschaftliches Nutzvieh*".

Mannequin nicht nur Modell

Dank Germany´s next top model strengt sich Deutschland an noch schöner zu werden. Keine mag mehr Friseurin oder Krankenschwester werden. Catwalk, Steckerlhaxen und Pumps sind Trumpf.

So es vielleicht auch interessant zu wissen, dass im Englischen "*mannequin*" nicht nur die Bezeichnung für eine *Laufstegschönheit* ist, sondern auch für eine *Schaufensterpuppe.*

Frog Idioms – auf den Frosch gekommen

Jeder hat schon einmal einen Frosch im Hals gehabt, und auch im Englischen, hat man "*a frog down one´s throat*", wenn es einem schwer fällt sich zu artikulieren.

Eltern, wissen wie es ist: "*it's like herding frogs*", bedeutet eine widerspenstige Gruppe unter einen Hut zu bringen.

"*The biggest frog in the puddle*", ist der Platzhirsch, und einem besonders betrunkenen und zügellosen Gesellen, kann es passieren, dass die Polizei ihn "*frogmarched*".

"*to frogmarch sb.*" = jemanden im Polizeigriff abführen.

Ein "*Frog*", beachten Sie bitte die Großschreibung, ist im britischen Englisch auch die abwertende Bezeichnung für einen Franzosen.

Foolscap – genormte Narrenkappe

Der englische Term "*foolscap*" hat nichts mit Funkenmariechen und Konfetti zu tun, sondern bezeichnet einen A4 Schreibblock. Diese merkwürdige Bezeichnung kommt von dem Wasserzeichen einer Narrenkappe, die ursprünglich auf diesem Schreibutensil zu finden war.

Mausetot auf Englisch – von Dodos und Erdferkeln

Die Affinität unserer Inselnachbarn im Bezug auf das Morbide bricht mal wieder voll durch, wenn man sich das englische Äquivalent für "*mausetot*" anschaut.

Mit dem Ausdruck "*dead as a dodo*" begnügen sich die Inseleuropäer nicht mit einem x-beliebigen Tier, wie zum Beispiel einem käsesüchtigen Nager, sondern dafür muss schon eine Spezies (Dodo) herhalten, die bereits ausgestorben ist.

Das Erdferkel (Englisch = *aarkvark*), hat es zwar nicht zu einer idiomatischen Redewendung gebracht und ist auch noch nicht ausgestorben, dafür aber ein echter Hingucker. Das kommt davon, wenn man sich zu sehr auf sein gutes Aussehen verlässt.

Aisle vs. Isle – reif für die Insel

Der Stress wird in modernen Firmen jeden Tag größer, Burn Out & Co. lassen grüßen und so mancher ist reif für die Insel.

Damit Sie auf Englisch nicht am falschen Urlaubsziel landen, müssen Sie bei den Homonymen *Isle* (Insel) und *Aisle* (Gang) orthographisch gut aufpassen, damit Sie den den vollen Erholungswert Ihres Ferienparadieses genießen können. Denn wer will schon Urlaub auf dem Gang (*Aisle*) machen?

Airline English – nicht abgehoben

Englisch ist das internationale Kommunikationsinstrument der Fluglinien. Hier einige Begriffe, die Sie vielleicht schon gehört haben, aber nicht so recht einordnen konnten:

aisle seat (gesprochen: eil siet) = Sitz neben dem Durchgang

overhead bin = Stauraum für Handgepäck

taxi out = Positionieren des Flugzeuges zum Verlassen des Flugzeuges

motion sickness = Luftkrankheit

sick bag = Behältnis zum Auffangen des Produktes von "motion sickness"

runway = Landebahn

Muffin Top – die einzig echte Alternative zu "Love Handles"

In Zeiten von Zahnstocherhaxen und DIN-Norm Beauties a la GNTM, gibt es noch Frauen, die zu Ihren Rundungen stehen und diese stolz über ihrem Hosenbund zur Schau stellen. Da Schönheit im Auge des Betrachters liegt, eine gute und wichtige Entscheidung.

Dieses ästhetisch nicht ganz unumstrittene Phänomen heißt auf Englisch "*muffin top*", weil sich die weiblichen Adipozyten kokett über dem Hosenbund wölben, ähnlich dem Teig, der am oberen Teil eines Muffins hervorquillt .

Dass es dafür sogar noch ein weiteres Synonym gibt, nämlich "*love handles*", spricht ganz für die Beliebtheit bzw. den Schrecken dieses Begriffs, je nach Blickwinkel .

Must And Have to – freiwillig müssen

Müssen tut man eigentlich nur sehr wenige Sachen wirklich, eines davon ist sterben. Auch wenn diese Aussicht auf den ersten Blick wenig vielversprechend erscheint, eröffnet sie doch eine Vielzahl von Möglichkeiten.

Deshalb hat sich die englische Sprache wohl dafür entschieden, zwischen freiwilligem "Müssen", oder "Müssen", aufgrund einer von außen auferlegten Verpflichtung, zu unterscheiden.

Wenn Sie z.B. sagen: "*I have to see my girl friend*." Wird dies wohl mit Augenverdrehen und Verdruss in der Stimme geschehen, weil die Holde schon mit dem Nudelholz wartet.

"*I must see my girl friend*" , bedeutet, dass Sie die Angebetete sehen wollen, weil Sie sich noch in der Rosabrillen-Phase befinden, und das Nudelholz noch zu seinem ursprünglichen Zweck benutzt wird.

Deswegen ist es sinnvoll, wenn Sie eine Unterredung mit einem Kunden beenden wollen, indem Sie einen anderen Termin als Grund anführen, dies mit "*have to*" tun, um klarzustellen, dass es sich um eine Verpflichtung handelt, und Sie eigentlich doch viel lieber bleiben würden.

Merke: *must* = freiwillig müssen; *have to* = aufgrund einer von außen auferlegten Verpflichtung müssen

Mustn´t – wann nicht müssen nicht gleich dürfen ist

Ein ewiger Top-Scorer in der Liga der Lieblingsfehler der Englisch lernenden Deutschen, ist *mustn´t*. Natürlich, Sie ahnen es schon, heißt dieser Begriff nicht, "*nicht müssen*", heißt, sondern "*nicht dürfen*".

z.B. You *mustn´t* smoke in here. = Du darfst hier nicht rauchen.

Wenn Sie ausdrücken wollen, dass jemand etwas nicht tun muss, bzw. braucht können Sie ich mit *don´t have to* oder *needn´t* behelfen.

z.B.

You *needn´t* (*don´t have to*) read this book every day, from time to time is enough.

To Eat Humble Pie – Canossa auf Englisch

Wer kennt das nicht, man muss, nachdem man eine wenig über die Stränge geschlagen hat, bei einer höheren Instanz vorsprechen, um für schön Wetter zu sorgen. Während im Deutschen der Gang nach Canossa des deutschen Kaisers herhalten muss, um diesem Sachverhalt idiomatisch Ausdruck zu verleihen, essen die Briten "*humble pie*" und die Amerikaner "*crow*".

z.B. After I had cheated on my girl friend, I really *had to eat humble pie* for quite a while.

to eat humble pie (GB), *to eat crow* (US) = zu Kreuze kriechen

To Be on The Fritz

"*to be on the fritz*" bedeutet im US Englisch so etwas wie z.B. "*kaputt sein*".

Wer hier Germanophopie vermutet, täuscht sich. Die Redewendung bezieht sich nicht auf das im I. Weltkrieg erfundene Schimpfwort für einen deutschen Landser "*Fritz*", sondern ist angeblich auf den US amerikanischen Erfinder John Fritz zurückzuführen, dessen Elaborate nicht unbedingt durch Zuverlässigkeit bestachen.

Grounded – auf den Boden zurückgeholt oder nur Hausarrest

Der englische Ausdruck "*grounded*" bezeichnet die Höchststrafe eines jeden Piloten, sei es durch die Entziehung seines Flugscheines, oder die Einziehung seines Fluggerätes. Dabei spielt es keine Rolle, ob der Aeronaut plötzlich farbenblind geworden ist, oder, wie gesehen beim thailändischen Kronprinzen Maha Vajiralongkorn, dem das Flugzeug kurzerhand gepfändet wurde.

Auch anglophone Kinder trifft es hart, die, wenn sie "*grounded*" sind, nämlich Hausarrest haben, und Mami und Papi wahrscheinlich X-Box und Playstation langfristig konfisziert haben.

Pinky Swear – Indianerehrenwort

Wer erinnert sich nicht gerne zurück an die Zeiten, in denen wir unseren Eltern mit einem *Indianerehrenwort* noch hoch und heilig versprechen mussten, dass wir von jetzt an unser Zimmer aufräumen, Hausaufgaben selbständig machen…….

Die englische Entsprechung dieser kindlichen "*Versicherung an Eidesstatt*" ist der der sogenannte "*pinky swear*".

"*Pinky*" ist im US amerikanischen Englisch der kleine Finger, der von den betroffen Parteien zur Bekräftigung des Gelöbnisses verschränkt wird, und es damit rechtskräftig macht.

Dire Straits – nicht nur der Name einer Band

Fast jeder kennt die Rockband "*Dire Straits*". (Obwohl ich mir eigentlich bei dem heutigen Promiverschleiß damit gar nicht mehr so sicher bin). Weniger bekannt ist, zumindest bei den des Englischen nicht ganz so mächtigen Fans, dass der Name dieser Rockcombo von einer Redewendung aus der Seefahrersprache stammt.

"*to be in dire straits*" bedeutet in einer ernsten Notlage zu sein.

dire = schrecklich; *strait* = Meerenge

Plum – Traumpflaume

Wenn Sie auf Englisch besonders idiomatisch ausdrücken wollen, dass etwas für Sie das Allergrößte ist, können Sie sich eines *blaufarbenen* Steinobstes bedienen, nämlich der Pflaume (bayer. Zwetschge, österreichisch: Zwetschke).

z.B. She has got the ultimate *plum job* (Traumjob), zero effort, maximum pay.

Closet Idioms – kein stilles Örtchen

Ein falscher Freund der besonderen Art ist "*closet*", was natürlich, Sie ahnen es schon, nicht Synonym für das stille Örtchen ist, sondern auf Deutsch "*begehbarer Wandschrank*" bedeutet.

In den USA ist ein normaler Schrank, aufgrund ungebremsten Konsumverhaltens, längst nicht mehr ausreichend, weswegen die moderne amerikanische Familie auf ein begehbares Modell, in Form eines zusätzlichen Zimmers, ausweicht.

Daraus resultieren natürlich zahlreiche Redewendungen, die dieses typisch amerikanische Phänomen zum Gegenstand haben:

"*a skeleton in the closet*" ist die deutschen "*Leiche im Keller*", und ein "*closet intelectual*" ist ein "*verkappter Intellektueller*"

Curve Ball – krummer Hund

Die US Amerikaner sind ein sportbegeistertes Volk. Ganz oben auf der *Popularitätsliste* steht *Baseball.* Viele Redensarten bedienen sich der Thematik dieser Sportart.

Ein "*curve ball*" ist ein vom Werfer angeschnittener Ball, der für den Schläger besonders schwer zu treffen ist.

In der Umgangssprache bedeutet "*to throw somebody a curve ball*" so etwas wie "*jemandem ein Ei ins Nest legen*".

Up for Grabs – abgreifen

Das englische Wort "*grab*" kann umgangssprachlich, nicht nur in seiner eigentlichen Bedeutung "*greifen*" verwendet werden, sondern wird auch benutzt, um z.B. den jugendsprachlichen Neologismus "*sich etwas reinziehen*" wiederzugeben.

z.B. Today, I want to grab a pizza. (heute will ich mir ne Pizza reinziehen, ey)

Man kann natürlich auch ein "*girl*" grabben, was aber weder etwas mit "*reinziehen*" noch mit sexueller Belästigung zu tun hat. "t*o grab a girl*", heißt ein Mädchen zum Tanz auffordern.

"*to be up for grabs*". heißt an den Meistbietenden verschachert werden

z.B. If our company goes on like this, we soon will *be up for grabs*.

Punch Idioms – sehr schlagfertig

Der Boxsport ist in den Vereinigten Staaten und im Vereinigten Königreich von Großbritannien und Nordirland noch immer sehr populär. Ritualisierter Abbau von Aggressionen in Sportform, der im Idealfall für den Sieger des Wettbewerbs, mit der Bewusstlosigkeit des Unterlegenen endet.

Auch in der englischen Umgangssprache erfreuen sich idiomatische Redewendungen mit "*punch*", einem Schlag also, sehr großer Beliebtheit.

"*To roll with the punches*" bedeutet so etwas wie: "ins kalte Wasser geworfen zu werden", also sich in einer schwierigen Situation intuitiv zurecht zu finden.

"*To beat somebody to the punch*" wird verwendet, wenn man jemanden um Haaresbreite schlägt.

z.B. I wanted to get the last beer at the Oktoberfest, but this American guy *beat me to the punch*.

"*To pull no punches*" ist Synonym für "nicht mit Wattebällchen werfen", oder "nicht gerade zimperlich sein".

z.B. You really have to be careful with this chick, she *doesn´t pull any punches*.

Keep Your Shirt on – To Fly off The Handle

Mit cholerischen Zeitgenossen ist oft nicht gut Kirschen Essen. Wenn Sie auf Englisch einen solchen Menschen beruhigen wollen können Sie das mit dem Ausdruck "*keep your shirt on*" tun. Das hat nichts mit FKK zu tun, sondern bedeutet lediglich so etwas wie: "*bleib am Boden*".

Wenn jemand total ausflippt kann man das im Englischen mit "*to fly off the handle*" ausdrücken.

z.B. When the boss saw the sales figures, he completely *flew off the handle.*

Put The Finger on It – schlimmer Finger

Flinke Finger sind nicht nur für Pianisten wichtig. Im digitalen Zeitalter braucht auch Otto Normal User, in seiner Funktion als Keyboardvirtuose, geschmeidige Tastextremitäten. Natürlich gibt es im Englischen, was diese feingliedrigen Handflächenfortsätze anbelangt, wieder einmal allerhand zu beachten:

Daumen = *thumb*, Zeigefinger = *index, pointer*, Mittelfinger = *middle finger*, Ringfinger = *ring finger*, kleiner Finger = *pinky*

Weiterhin können Sie, wenn Sie ausdrücken wollen, dass Sie einen Sachverhalt nicht rational erklären können, dies auf Englisch tun, indem Sie nachstehende Redewendung verwenden: *I can´t put my finger on it.*

z.B. Rolf is such a nice guy, I don´t know why I don´t like him. I just *can´t put my finger on it.*

To Be A Handful – mehr als nur eine Handvoll

Im Englischen müssen besonders Deutsche bei dem Begriff "*a handful*" aufpassen. "*A handful*" auf sich alleine gestellt heißt genau wie im Deutschen "*eine Handvoll*". Verwendet man es jedoch im Zusammenhang mit "*to be a handful*" ändert sich die Bedeutung grundlegend. "*To be a handful*" heißt so etwas wie ein Problemherd, bzw. auf Krawall geeicht zu sein.

z.B.

My brother can´t hold down a steady job for three months straight, he has always *been a handful.*

Whatever Floats Your Boat – gleichgültiges Seefahreridiom

Wie Sie bestimmt wissen, behilft sich die englische Sprache gerne mit Ausdrücken aus dem Nautischen, um gewisse Sachverhalte besonders idiomatisch auszudrücken.

Wenn Sie sagen wollen, dass Ihnen das, was Ihr Gesprächspartner sagt, vollkommen egal ist, können Sie das tun, indem Sie sagen:.

"*whatever floats your boat*"

z.B.

wife:"I bought a new pair a shoes, darling."

husband:" *Whatever floats your boat, sweetheart.*"

No Sweat – schweißtreibendes Idiom

Niemand gibt gerne zu nicht Herr der Lage zu sein, wenn Sie auf Englisch klarstellen wollen, dass Sie alles im Griff haben und voll auf der Höhe sind, können Sie dies mit dem Ausdruck "*No Sweat.*" tun, was soviel bedeutet wie "*alles klar*", "*kein Problem*".

z.B.

boss: "Will you be able to dispatch all the goods by this afternoon?"

you: "*No sweat.*"

Weitere Redewendungen rund um das Schwitzen:

to *sweat blood* (bullets) = sehr nervös sein

do not *sweat the small stuff* = sich nicht in Details verlieren

to *sweat bricks, sweat like a pig* = saumäßig schwitzen

Wine Idioms

Deutschland ist berühmt für sein Bier und so überrascht es, dass es neben vielen Redewendungen, die Bier zum Gegenstand haben, auch einige gibt, die Wein bevorzugen. (z.B. *reinen Wein einschenken*)

Auch im Englischen überwiegen die "*beer idioms*", es gibt aber auch einige wenige *wine idioms*:

to wine and dine somebody = jemanden ausführen, zum Essen einladen

z.B. First we will wine and dine them, and then sell them our new goods.

to put old wine in new bottles = Altes mit Neuem vermischen

z.B. His attempt to teach ancient Greek to IT guys was not a success. I guess, you can't just mix the new with the old. You can't put *old wine in new bottles*.

To Go Belly up – englischer Pleitegeier

In Zeiten der allgemeinen Finanzkrise ist es vielleicht nützlich zu wissen, wie man auf Englisch ausdrückt, wenn eine Firma pleite geht.

Für die vornehme Ausdrucksweise kann man sich des Begriffs "*to go bankrupt*" bedienen. Etwas salopper wäre dann schon "*to shut up shop*". Noch nicht ganz Ghetto, aber schon sehr umgangssprachlich: "*to go bust*" oder "*to fold*".

Und schließlich die Arbeitskampfvariante "**t***o go belly up*", die auch benützt werden kann, wenn man abwertend verbal auf das Ableben eines Mitmenschen anspielen will. (abnippeln, abkratzen)

A Finger of Whiskey – schlimmer Finger

Dass Briten und andere Anglophone sich teilweise immer noch hartnäckig dagegen wehren das metrische System einzuführen ist bekannt. Darüber hinaus gibt es in der Umgangssprache einige Maßeinheiten die noch unorthodoxer sind:

a *finger* of whiskey = 1 cl Whiseky

a *thimbleful* = etwas für den hohlen Zahn (thimble = Fingerhut)

a *shot* = 1 Schnapsglas voll (shotglass = Schnapsglas)

Tongue in Cheek – Augenzwinkern auf Britisch

Den Briten sitzt der Schalk im Nacken und unsere Nachbarn von der Inseln sehen sich selbst als elegante Ironiker, die eine indirekte und auf feinen Andeutungen basierende Form der Kommunikation, dem deutschen auf Effizienz ausgerichteten Modell der Gesprächsführung vorziehen, und deswegen ihre teutonischen Nachbarn, ob ihrer ernsten Weltsicht, mitleidig belächeln.

Ein Begriff, der diese Einstellung zur ironischen verbalen Interaktion im Englischen am Besten beschreibt ist "*tongue in cheek*", was auf Deutsch soviel bedeutet "*nicht ganz ernst gemeint*, bzw. *mit einem Augenzwinkern*".

Der Ursprung dieser Redewendung kommt von der Tatsache, dass man sich manchmal bei einem ironischen Kommentar auf die Zunge beißen muss, um nicht lauthals loszulachen.

Cup Idioms – alle Tassen im Schrank

Die Tasse ist das Behältnis des Nationalgetränks der Engländer, so ist es nur natürlich, dass Redewendung mit "*cup*" ein gängiger Bestandteil der britischen Umgangssprache ist.

Zwei Beispiele:

"*To be one's cup of tea*" bedeutet, so richtig jemandes Kragenweite zu sein.

"*To drink deep from a cup*" entspricht ungefähr dem Deutschen: etwas so richtig auskosten.

Football is really John's cup of tea, so during the World Cup h*e really drank deep from this cup*.

Face Value – Gesicht zeigen

Oft ist es besser, wenn man die Dinge die im einen herum passieren nicht unbedingt für bare Münze nimmt. Im Englischen heißt diese Währung der Wahrheit "*face value*".

z.B. She really talks a lot. Sometimes it's better not to take her each and every word for *face value*.

Chicken Idioms – Nothing for The Chicken-Hearted

Hühner sind nicht nur auf dem Oktoberfest allgegenwärtig, sondern treiben ihr Unwesen auf in rauen Mengen in der englischen Sprache.

Wenn man den Tag nicht vor dem Abend loben soll, sagt man auf Englisch:

Never count your chickens before they're hatched.

Die anglophone Version von des Pappenstils:

That's not chickenfeed.

Eine besonders konfuse Person wird im Englischen als "*headless chicken*" bezeichnet.

Jemanden, der den Zenith seiner Jugend überschritten hat, kann man humorvoll auf diese Tatsache hinweisen, indem man die idiomatische Redewendung benutzt:

You're not exactly a *spring chicken* anymore either.

Ein Feigling hat im Englischen kein Hasenherz, sondern das Herz eines Huhns:

That's nothing for the *chicken-hearted.*

Sich vor Angst nass machen heißt:

To chicken out.

1st leg / 2nd leg – erst ein Bein, dann das andere

Fußball ist besonders im Vereinigten Königreich von Großbritannien und Nordirland ein beliebtes *Small-Talk Thema*, das seine eigenen, ganz besonderen Fachausdrücke parat hat.

Wer hätte gedacht, dass das Hinspiel das sogenannte "*1st leg*" ist, und das Rückspiel das "*2nd leg*".

Weitere Redewendungen mit "Bein":

to give sb. a leg up = jemandem Hilfestellung leisten

to shake a leg = tanzen

to break a leg = Hals und Beinbruch

on one´s last legs = aus dem letzen Loch pfeifen

Bone Idioms – auf die Knochen

Genau wie im Deutschen, bedient sich auf die englische Sprache gerne der Einzelbausteine unseres Skeletts, den Knochen, um diese für idiomatische Redewendungen zu verwenden:

to be bone idle = stinkfaul seinen

to have a bone to pick with somebody = mit jemandem noch ein Hühnchen zu rupfen haben

to be a bag of bones = zaundürr sein

the bone of contention = der strittige Punkt einer Sache (Zankapfel)

to bone up on something = sich auf Vordermann bringen

Play Hardball – harte Bandagen

Dass "Krieg die Fortsetzung der Diplomatie mit anderen Mitteln" ist, mag für manche Menschen eine plausible Erklärung sein, um die die Duschen von warm auf eiskalt zu stellen, oder die Wattebällchen mit einer härteren Substanz zu vertauschen.

Im Englischen kann man sich einer Redewendung aus dem Bereich des US amerikanischen Volkssportes Baseball bedienen, wenn man klar machen will, dass von diesem Moment an „*Schluss mit lustig*" ist.

"*to play hardball*"

z.B. It is your own fault it ended like this, you´re the one who wanted to *play hardball*.

Sock Idioms – von den Socken

Ein Kleidungsstück, das wegen seines Geruchs oft übel beleumdet ist, hat es in den USA dennoch zu einer gewissen Berühmtheit gebracht, denn zwei sehr erfolgreiche Baseballclubs haben dieses Kleidungsaccessoire zur Grundlage ihrer Namensgebung auserkoren: *The Chicago White Sox* und *The Boston Red Sox*.

Natürlich gibt es im Englischen auch zahlreiche Redewendungen, die sich auf diese Klamotte beziehen:

Wenn Sie davon überzeugt sind, dass eine Nachricht jemanden total "von den Socken hauen" wird, können Sie sagen: *This news will knock his socks off.*

Die Finanzkrise hat Sparen wieder hip gemacht, der deutsche Sparstumpf ist im Englischen jedoch ein Socken: Etwas zur Seite legen auf Englisch: *To sock somethig away.*

Wenn Sie jemanden auf sehr direkte Art zum Schweigen bringen wollen, ist die "*stuff a sock in it*" eine echte Alternative zu "*shut up*" .

Um jemandem zu einer besseren Leistung anzuspornen, werden in anglophonen Ländern nicht die Ärmel hochgekrempelt, sondern man drückt dies aus, in dem man sagt:

"pull your socks up"

If you believe that I got a bridge to sell to you....

Wenn Sie jemandem auf Englisch mitteilen wollen, dass Sie ihn für besonders naiv und leichtgläubig halten, können Sie dies auf besonders idiomatische Art tun, indem Sie die Redewendung benutzen:

If you believe that I got a bridge to sell to you.

Dies würde im Deutschen etwa entsprechen: Wers glaubt wird selig.

Der Begriff geht auf den Betrüger Gordon Parker (1870–1936) zurück, der leichtgläubigen Touristen die Brooklyn Bridge verkaufte, und dies natürlich mehrfach.

Small Idioms – klein aber fein

Wer groß hinaus will, muss klein anfangen, so ist es nicht verwunderlich, dass es im Englischen, genau wie im Deutschen viele idiomatische Redewendungen mit "*small*" gibt.

"*To be small potatoes*" oder "*small change*" bedeutet unwichtig zu sein. Wer jedoch einäugig unter den Blinden den dicken Maxe spielen will, ist im Englischen "*a big toad in a small pond*". (toad=Kröte).

Die Stunden unmittelbar nach Mitternacht, heißen auf Englisch "*small hours*" und wer unauffällig bleiben will, für den gilt die Devise "*lay low and sing small*".

To Jump off The Turnip Truck – englische Brennsuppe

Eine sehr urige bayerische Redensart, um klarzustellen, dass man nicht von gestern ist, ist "*ich bin ja nicht auf der Brennsuppe dahergeschwommen*". Eine US amerikanische Entsprechung hierfür wäre: "*to fall off the trunip truck*"(wörtlich: vom Rübenlaster fallen).

z.B. You don´t have to explain me how the coffee machine works, *I didn't fall off the trunip truck.*

Ein weiteres Idiom, das ebenfalls ein Transportmittel einschließt, wäre "*to jump on the gravy train*" (wörtlich: auf den Soßenzug aufspringen), was auf Deutsch soviel bedeutet wie: "*voll absahnen*".

5 idioms – the magic number

Fünf ist eine magische Zahl. Die menschliche Hand hat fünf Finger, manche Politiker haben fünf Gehirnzellen, und obwohl aller guter Dinge nicht fünf sind, gibt es in der englischen Sprache jede Menge Redewendungen, die diese Zahl zum Gegenstand haben. Hier fünf Beispiele:

a five finger discount = Ladendiebstahl , *slip someone five* = jemandem die Hand geben

to take five = eine Pause machen

a bunch of fives = eine Faust (bunch= Strauss, Bündel)

to wear ten dollar hat on a five cent head = die dümmsten Bauern haben die größten Kartoffen

Shirt Idioms – das letzte Hemd

So wie man im Deutschen, das letzte Hemd verlieren kann, so gibt es auch im Englischen viele Redewendungen dieses populäre Stück Oberbekleidung einschließen.

“*To keep your shirt on*“ ist das englische Äquivalent für das deutsche “*mach mal halblang*“.

“*To give the shirt off one´s back*“, bedeutet, dass man bereit ist jedes Opfer zu bringen.

z.B. Tom would give *the shirt off his back* to see the next Bayern game.

“*A stuffed shirt*” ist jemand der sehr steif und formell ist.

“*To put your shirt on something*” benutzen Sie dann, wenn Sie alles auch eine Karte setzten.

Donkey Idioms – Eseleien

Ein Esel ist zwar nicht der beste Freund des Menschen, aber immerhin so bekannt, dass er es im Englischen zu wenigstens drei häufig benutzten idiomatischen Redewendungen gebracht hat:

“*to do the donkey work*” = “die Drecksarbeit machen”

z.B. Why is it always me having to do the *donkey work*?

“*to talk off the hind legs off a donkey*” = “sehr viel reden”

z.B. Johnny’s new girlfriend is a real motormouth, she can talk *the hind legs off a donkey.*

“*donkey’s years*” = “eine ewig lange Zeit”

z.B. I have been in this job for *donkey´s years*, now it is time for a change.

“*Donkey*” ist in den USA auch die Bezeichnung für einen Iren, aufgrund deren hartnäckiger Charakterfestigkeit (Sturheit), für die diese bekannt sind.

Lock, Stock And Barrel – mit allem Drum und Dran

Eine sehr idiomatische Art im Englischen die Reichhaltigkeit und Totalität einer Sache zu betonen ist : “*lock, stock and barrel*“, was dann im Deutschen so etwas heißt wie, “*vollkommen*” oder “*mit allem Drum und Dran*“.

z.B. Do you think it is wise to implement the system *lock, stock and barrel* before testing it.

Diese Redewendung hat ihren Ursprung in den drei Hauptbestandteilen Bestandteilen einer Flinte *lock* = *Gewehrschloss*, *stock* = alt. *Gewehrkolben*, *barrel* = *Lauf,* bezeichnet also die Gesamtheit einer Sache.

Die Popularität dieses Idioms zeigt sich in der Tatsache, dass Guy Ritchi es in abgewandelter Form als Filmtitel benutzt hat: „*Lock, Stock And Two Smoking Barrels*“.

Hair Idioms – haarige Sache

Nicht erst seit "drei Wetter Taft" ist den Menschen die Wichtigkeit ihres Haupthaares klar geworden.

Seit jeher spielt der größte, noch verbleibende Teil unseres Pelzes, aus der Zeit, auf der wir noch auf Bäumen wohnten, eine entscheidende Rolle.

Deswegen ist es auch nicht weiter verwunderlich, dass auch in anglophonen Ländern "*hair idioms*" sehr beliebt sind.

"*To let one's hair down*" bedeutet so etwas wie "sich gehen lassen", während "*to keep your hair on*" eher in die Richtung "*jetzt bleib mal am Boden*" geht.

Auch im Englischen kann man einen "*bad hair day*" haben, einen Tag also, an dem man nicht einmal mit Mörtel seine Haare in die Reihe kriegt, geschweige denn alles andere.

Ebenso kann man im Englischen Haare spalten "*hair splitting*", ist eine beliebte Unsitte auch in anglophonen Ländern.

Printed by Books on Demand GmbH, Norderstedt / Germany